RAZÃO, EXISTÊNCIA EM FORMAÇÃO

Misterioso Mundo da Ciência Filosófica

Autor Landulfo Santana Prado Filho

Landulfo Santana Prado Filho, nascido em 1955, conheceu muito cedo os significados de responsabilidade e compromisso, obstinado e persistente, conseguiu seu primeiro emprego aos 17 anos, quando foi trabalhar em uma empresa industrial, na fabricação de vidros e vidraças e mosaicos; posteriormente trabalhou no escritório de consórcio de veículos, na Capital de São Paulo-SP.

Quando criança foi batizado na igreja católica local.

Ao final do 5º ano do ensino fundamental instruído no sacramento de crismado foi educado a partir dos preceitos da religião cristã; sua formação iniciou-se no catecismo tradicional seguindo o ritual da mesma igreja católica.

O tempo segue rápido. Em 2015 no caminho da madureza, aposentou com o sentimento de gratidão pelas oportunidades que teve e pelas pessoas que conheceu. Em suas lembranças conserva os grandes amigos que fez e as histórias que contou, com vontade de continuar a fazer seu trabalho, com paixão e compromisso.

Em 2017, com o propósito de contar sua historiografia, memória da minha infância, no intuito de formar uma nova geração de leitores, cria a obra intitulada *A FAMILIA LANDULFO PRADO,* livro organizado pela Editora Gráfica Millennium Ltda. Declara na sua obra sua disposição de historiógrafo sério nas particularidades a verve da literatura montes-clarense.

Ano de 2020, é diplomado como sócio efetivo do Instituto Histórico e Geográfico de Montes Claros – IHGMC assume a cadeira 23, que tem como patrono a memória do imortal Doutor José Carlos Versiani.

Fã e admirador das histórias em suspense, de literaturas, romances de época, ficção científica, séries: A Saga do Império, Deuses do Egito e Os Guardiões; lia bons fascículos Seleções Reader's Digest, na infância apreciava ler as principais personagens de histórias em quadrinhos (gibi) brasileiros, Tio Patinhas, Pato Donald, Mickey Mouse, Professor Pardal (o inventor), na adolescência familiarizado em percorrer e ver os fatos e acontecimentos do Jornal O Estado de São Paulo, mais conhecido como Estadão, editado em maior volume sempre nos finais de semana conferindo as principais notícias nacional e internacional, agora descobre seu talento e aposta e conta o seu passado e desenvolve para lançar este novo artigo *RAZÃO, EXISTÊNCIA EM FORMAÇÃO, Misterioso Mundo da Ciência Filosófica*, explora o seu potencial de pesquisa filosófica, no prelo o livro Vereda da Geografia Literária.

Mas não foi aos livros que se dedicou. Foi também servidor público, Landulfo Prado, desenvolveu diversas atividades durante sua carreira empregatícia e se tornou um competente profissional burocrático corporativo e um servidor público amanuense.

Cidadão do século XXI registra a sua vida de autor e escritor, dedica-se a literatura, transmite informações conectadas aos novos traços de comunicação social, cultural, religioso dos afetos a literatura. Analisa momentos e conceitos importantes ao desenvolvimento em perspectiva temporal, ao mesmo tempo de ordem diversas, as diferentes formas de participação na cooperação em contextos variados, às visões do mundo. Contempla a esta bela passagem do ponto produtivo; é o princípio da lei do trabalho e, por conseguinte, da lei do progresso, visto que este põe em ação as forças da inteligência, haja feito, de acordo com seu mérito recompensado.

Com a missão de publicar seu memorial empolgante, envolvente e tornar em livro para despertar o amor à leitura, acredita que as palavras e as idéias podem mudar o mundo a Editora Gráfica Millennium é uma homenagem a esta figura extraordinária, capaz de enxergar mais além, mirar nas coisas verdadeiramente importantes e não perder o idealismo e a esperança diante dos desafios e contratempos da vida, para que refloresça e prossiga em triunfo.

PREFÁCIO

Dário Teixeira Cotrim - IHGMC

O livro **Razão, Existência em Formação – Misterioso Mundo da Ciência Filosófica,** do abalizado autor Landulfo Santana Prado Filho, é caracterizado como um enternecimento de incerteza ou ansiedade, mediante determinada circunstância, e tem o foco na evolução como modelo do conhecimento sobre os mistérios da vida. A análise que fazemos desta obra se refere na forma da escrita com a utilização da linguística e a diversidade na composição dos textos. Não podemos invadir o conhecimento perfeito do autor sobre os temas sacramentados neste livro, uma vez que percebemos a sua aptidão pelos enigmas da história e a tentativa de desvendar fatos controversos. O que há, aqui, são as explicações plausíveis e aceitas no universo da filosofia. Por outro lado, o simbolismo utilizado para definir situações inesperadas da escrita tem uma visão inquestionável do valor literário, na concepção da idade do homem.

A evolução do tempo no plano físico é superada pela do plano espiritual. Com a espiritualidade genealógica nos estudos das origens, pode-se dizer que o escritor arrasta para si um problema racional nos primórdios da vida. Pois, sabe-se que a intelectualidade das pessoas é lapidada na leitura do conhecimento através dos livros e o autor desta influente obra de ficção é um belo exemplo deste estado de situação.

Nos capítulos "Paradigmas" e "Enigmas" o leitor pode avaliar as seguintes situações; não raras vezes, a dissertação sobre o funcionamento do corpo humano torna-se uma verdadeira aula de anatomia, e isso acontece porque o autor procura definir, com propriedades, as situações involuntárias na compreensão das coisas; por outro lado, é por demais detalhista nas suas explicações e, são por essas veredas, que acontece a aplicação do simbolismo em todo o texto. Há uma preocupação com o idioma, haja vista que a sua escrita é escorreita, não obstante o tema ser complexo. Daí que o leitor vai encontrar expressões e vocábulos incomuns ao dia a dia dos brasileiros.

O livro de Landulfo Santana Prado Filho é composto de quatorze capítulos. Em razão disso não se recomenda analisá-lo capítulo por capitulo, senão como um todo. A citação de dois deles no parágrafo anterior foi apenas para estimular a leitura dos demais. Nota-se que este trabalho literário consiste em introduzir na filosofia os conceitos de sensibilidade e decisão, assim como preconizava o pensamento de Nietzsche.

A parte da filosofia da vida, baseada nos grandes filósofos da antiguidade, esbarra na famosa frase "sei que nada sei", do latim *ipse se nihil scire id unum sciat*, atribuída ao mestre Sócrates, atestando que, verdadeiramente, o homem, por mais que ele procure entender o mundo, descobre que nada sabe. Entretanto, a leitura do seu livro ***Razão, Existência em Formação – Misterioso Mundo da Ciência Filosófica,*** trouxe para mim uma janela aberta, a favor do sol e defronte ao infinito, onde o conhecimento, singrando em mar revolto, penetra com extremo cuidado no meu corpo e alma, alimentando-os com os mais preciosos conhecimentos sobre a nossa existência. Portanto, tomando emprestado esta citação de Bezerra de Menezes, desejo "que o Senhor nos abençoe nesta leitura, nos fazendo compreender o que há de melhor nestas páginas, e que esse prefácio, mesmo na sua simplicidade, faça-te alegrar, para que possas entrar no conteúdo destas letras que escondem vida e perfumam os corações, capacitando-te no sentido de te certificares do poder das virtudes que o Evangelho nos ensina por amor".

O seu amigo de sempre!

Montes Claros, primavera de 2020.

A democracia almeja um sistema jurídico mais
perfeito;
A filosofia anseia desvendar a lei que está acima de
todas as coisas, a lei universal.

Expresso meu agradecimento especial a minha esposa Vera Lúcia Santos de Souza me presenteou, incentivou e colaborou no apoio no longo período na elaboração desta obra e permitiu que se tornasse uma realidade.

PRELÚDIO

Este livro trata também dos mais importantes fatores da vida atual da humanidade – religioso, tecnologia, aumento da poluição e seu antídoto a conservação.

Recomenda esta obra a todos os leitores inteligentes, especialmente aos das gerações mais jovens. Elas terão de continuar o esforço da humanidade para enfrentar o crescente desafio do futuro – conservar vivível o nosso mundo.

A fé, a boa vontade e a inteligência bem intencionadas podem superar os problemas, e o conhecimento ajuda-nos a entendê-los. Esta composição contribui para ambos – conhecimento e compreensão. E estimula-nos à ação.

Cuvier[1], o grande zoólogo francês, acreditava que cada grande época terminava por alguma catástrofe mundial e que o todo-poderoso criava um conjunto de novos tipos. Verificou-se logo ser isso impossível. Entrementes, Lamarck[2], seu contemporâneo, pensava que as estruturas eram modificadas pelo esforço individual.

Em 1858, Charles Darwin[3], e Wallace[4], deram a resposta, a "seleção natural"; que se dá através da pequeníssima vantagem desfrutada pelos indivíduos capazes de sobreviverem e de reproduzirem-se em determinado ambiente. A essa nova concepção, que dispensava cataclismas e intervenções divinas.

1 - Cuvier, Georges; 1769-1832 - Zoologista francês.
2 - Lamarck, Jean Baptiste; 1744-1829 - Naturalista francês.
3 - Darwin, Charles; 1808-1882 - Cientista britânico.
4 - Wallace, Alfred Russel; 1823-1913 - Cientista britânico.

A Razão, faculdade de raciocinar, na influência de diversos pensadores os mais admirados, os três filósofos patronos da antiguidade enfatiza os aspectos positivos.

A razão segundo Sócrates no seu cumprimento da missão, ocupou mais com as questões humanas, originando o período antropológico do qual a preocupação central era o homem, no sistema do mundo, no caminho direto para a descoberta da verdade, servindo para retirar as pessoas do estado de cegueira social.

Na filosofia de Platão, consiste no esforço progressivo pelo qual a consciência individual remonta da experiência sensível para o mundo das ideias, em que recordamos (anamenesis) as coias aprendidas em outros tempos da existência, videntes de ideias razão das almas filósofas.

Aristóteles examina e explora o movimento e sugere que a razão de todas as coisas pode ser atribuída a quatro tipos de causas: Causa material, Causa formal, Causa eficiente, Causa final.

AVISO PRÉVIO

Formatei e compus esta pesquisa pelos vínculos devidos as sucessivas réplicas e tréplicas formais e conteúdos travado respeitando as obras de autores citados expressamente nas páginas da Referência Bibliográficas deste artigo, considerando um privilégio e elogios de muito talento, muitas das suas ideias e minhas nasceram juntas, o que me deixa sempre muito à vontade para transitar entre elas, compatibilizadas na liberdade de expressão e do direito a informação. São corolários do conteúdo dilatado e ampliado, formam, modelam a percepção do mundo real, capaz de oferecer verdadeiro conhecimento das nossas obras geradas para demonstrarmos o merecimento e reconhecimento consagrado que desperta os instintos nobres e encaminha o ser humano para o bem. Favorecido em princípio da ideia com que esta composição contém do belo e do bom com racionalidade, bem formadas de todos os atos bons impressos, pronunciam as palavras e as letras no sentimento e pensamentos construtivos, coroando aqui nossos trabalhos, explicando as massas populares, difundindo amplamente, as ideias banhadas no espírito (alma), na redação das atividades da imprensa, nas citações utilizadas e o aviso da experiência, na cooperação da tarefa reconhecida, na colaboração humilde de melhorar a nossa iniciativa, recorrendo a intermediários e movimentos em direção corretamente, na conservação simples e natural empregada nesta matéria em benefício dos diletos leitores familiarizando-se com os progressos, dando a conhecer a minha maneira de ver a obra, submetendo-a a apreciação e reaja com discernimento e da sabedoria, livre de todo o móvel interesseiro, livre exercício no respeitável princípio do progresso da ciência a favor das liberdades humanas da livre manifestação do pensamento em todas as suas formas de expressão e o respeito à pluralidade de ideias e opiniões, na perspectiva da produção e do refinamento do saber, no meio do campo espírita, onde enriqueceu esta produção compartilhada na subdivisão fundamental da filosofia, caracterizada pela investigação das realidades que transcendem a experiência sensível, capaz de fornecer um fundamento a todas as ciências particulares, por meio da reflexão a respeito da natureza primacial do ser; filosofia primeira-(Aristotelismo).

Estudo das formas ou leis constitutivas da razão, fundamento de toda especulação a respeito de realidades suprassensíveis (a totalidade cósmica, Deus ou a alma humana), e fonte de princípios gerais para o conhecimento empírico-(Kantismo)- Fonte Biblioteca midiateca.

Uma bagagem de conhecimento religioso e formação cultural, nas buscas das informações nas páginas da Ciência, Filosofia e da Religião.

Palavras técnicas foram expressadas do começo ao fim deste exemplar, não por mim, e sim pelos entes que aqui não se encontram mais na Terra, prova a verdadeira correspondência, confirmando o intercâmbio entre os vivos da Terra e os vivos da eternidade, entre as coisas da Terra e as do céu ou de esferas superiores e outras por aqueles que pela inspiração intelectual transmitiram conhecimento na formação cultural e filosófico ilustrados na história e na coleção de textos religiosos, espírita.

Devem-se ser estudados e interpretados com discernimento e carinho para deles tirarmos todo o proveito de seu alto valor metafísico e iniciático.

Enaltecido e gratificado, meus sentimentos, que tem como objetivo mostrar o imenso poder da fé e o crédito do conhecimento enredado para desenvolver e expor o meu ideal existente, na diversidade de fontes citadas e ou utilizadas, listadas nas últimas paginas desta obra, cabendo à formação das convicções e opiniões ao leitor assíduo.

Neste panorama recente da obediência a grande lei do progresso que é a palavra geradora marcada neste século, a obediência é o consentimento da "razão perfeita"; a resignação é o consentimento do coração, com o ânimo da virtude desta mesma época marcada assim como a geração é atividade intelectual, uma reunião de esforços de todos nós para um fim brilhante, mas que prova a elevação intelectual de uma época.

Trancado no meu mundo privado e burguês, de luta na experiência doméstica, no refúgio do amor, neste ano de 2020: atípico na História Social Brasileira, devido à pandemia do coronavírus – entre outras causas - segundo normas de segurança e saúde determinadas pelo isolamento social e medidas protetivas contra contágios vindas das autoridades sanitárias e decretos municipais, em respeito às regras de distanciamento social, uso de máscaras e de álcool

70%, exigidas pelas autoridades de saúde para o combate à pandemia do novo coronavírus - (COVID-19).

O foco desta abordagem é discutir como é possível formular neste trabalho um estudo sobre a Existência em Formação, sem abrir mão da sua imagética introspectiva e da sua experiência da Verdadeira Razão, centrado numa escrita referencialmente rarefeita. A análise em detalhe do trabalho procura registrar a conversão da opacidade, do lacunar e da indeterminação em elementos de caracterização da razão perfeita e da existência da humanidade. Aí se entrelaçam, portanto a atualidade do processo filosófico-social e cultural.

Palavras-chave: filosofia das ciências, filosofia da educação e da religião, formação cultural, história de dois mundos.

Comentário literário sobre o espiritismo, exposição de sentenças do estudo dos livros espíritas, síntese da coleção de obras propostas por espíritos elevados para que outros pudessem obter a mesma experiência da atividade ampla e temática, pedagógicas, morais, e muitos naturais, valores básicos todas as tendências humanas estão aparelhadas o "bem" real humano, mais adequado a instruir os iniciantes do espiritismo.

Elaborei este estudo não sendo um policial do Evangelho ou textos canônicos, mas candidatando-me a servidor cristão, na plena liberdade de expressão e o direito ao livre acesso ao conhecimento sobre a religião, no devido respeito ao Evangelho não me permite anatomizar o problema da religião cristã ou as comunidades cristãs emergentes. Desempenho refletido seguro conhecimento doutrinário e consagro algumas horas do dia ao estudo e ao preparo para a nova viagem terráquea e futuros trabalhos para o progresso. É um ponto em minhas reflexões amadurecidas na veneração com que cultivo nas tarefas do bem pelos vultos inesquecíveis do cristianismo.

Agigantado na coragem da fé. Cumpre-me indagar-me minha própria consciência, como um aprendiz do Evangelho.

Como diz o aposto Paulo de Tarso, em Coríntios 3:2 – "Leite vos dei a beber, não vos dei comida; porque ainda não podíes".

Vários horizontes da experiência moderna: a abertura historicista trazida pela existência de uma filosofia moderna, a consciência formal do trabalho como artefato linguístico, o teor construtivo da autonomia esteticista e até, quem diria, o gosto pelo sensato artesanato da redação.

Sob a fiança de linhagens prestigiosas da tradição moderna e já sem propósito radical, a invenção da comunicação escrita se desloca da experimentação dos procedimentos para a conceitualização dos conteúdos, tratados frivolamente como matéria de variações. O que mudou nesse quadro foram o peso e o sentido do "nascimento das sementes futuras", que não parece incompleta, nem é considerada obstáculo, sequer precisa ser superada ou transformada — agora a razão perfeita e a evolução humana estão franqueadas, conquanto a anotação desarme a inquietação autoproblematizadora, caracteristicamente moderna. Pensando bem, uma existencialização que reafirma e ressegura a soberania da evidência.

Este livro se inspira numa nova mitologia em formação.

É extremamente difícil perceber uma alegoria de nosso próprio tempo. Mais fácil olhar para trás e reconhecer nas eras consolidadas suas fantasias e seus mitos.

O individualismo pelo qual optamos no Ocidente fortaleceu a liberdade à custa de um anonimato. Não somos o nosso país, não somos a nossa tribo e nem somos a nossa família. Somos indivíduos com direito de expressão e independência. Estes indivíduos passaram a construir teses sobre sua inserção no universo.

Nenhuma me parece tão própria de nossos tempos como a tentativa de construir um cosmos que consome. A ideia de que o universo é capitalista, de que é um grande supermercado desenhado para suprir não só bens, mas promover a liberdade e a independência assume um papel central (Nilton Bonder – O Sagrado-2007).

Quando a vida nos chama para viver o aqui e agora, não é para perdermos tempo em críticas severas sobre nossas ações passadas, nem mesmo para olhar para o futuro de forma desesperançosa ou fantasiosa. Agora não é um convite para procrastinar, adiar, relaxar, se entregar, mas para agir!

Só vivendo o aqui e agora é que podemos modificar as consequências advindas de nossas escolhas do passado, e finalmente construir novas possibilidades no futuro (Rossandro Klinjey-Eu escolho ser feliz-2018).

Landulfo Santana Prado Filho
Associado efetivo do Instituto Histórico e Geográfico de Montes Claros

INTRODUÇÃO

Sem margem de dúvida comecei a tecer em torno de uma existência sobrenatural, inatingível pela "razão" e nesse meu interesse pelas coisas do mundo espiritual, e o que há tudo no Universo, que também está sujeita à Lei da Evolução. Reavivar com maior facilidade adaptar o texto no qual se baseia na coesão do princípio, os corpos grosseiros de nossos antepassados, pesados e extremamente materiais e a partir deste momento suprir meu conhecimento da cultura tradicional coletiva pelo caráter divino e sagrado.

Primeiro, foram às manifestações grosseiras dos fenômenos físicos; depois as manifestações intelectuais em cuja fase estamos.

Não pararemos aqui.

Evoluiremos sempre.

Ao impressionar os iniciados a explorar e ler esta obra, com maior liberdade de ação, dão-nos a chave de todas os prodígios realizados por indivíduos que viveram em todas as épocas e em todas as nações, obtendo deles ensinamentos e disciplinas para auto-educação, porque os organismos humanos, sendo mais maleáveis, mais flexíveis, mais delicados, com a "razão perfeita e a formação da existência", efetuados de conformidade com as leis da natureza e na romagem terrestre.

A ampla e incisiva cultuações nas tradições religiosas, complexo de crenças e práticas, influenciando a humanidade desde a pré-história, com transformações transcorridas por séculos, os primeiros dados existentes é possível rastrear a "evolução", como centro do Universo e a medida de todas as coisas, enquanto é aceito o princípio da regeneração só pode ocorrer através do aperfeiçoamento contínuo do indivíduo e através da constante investigação da "verdade".

Compelido a expressar meu desejo mental e concretizar e detalhar o que a pureza abstrata que tem sintonia e detalhes com a nova era que se descortina. Para compreendermos o que é realmente o ser, o que é esta pesquisa se encontra latente em tudo o que é, tem sido e será, surge à emanação, o absoluto e luz incriada e plenitude perfeita, felicidade absoluta, vida livre em seu movimento: batalhar, lutar, sofrer, libertar-se por fim, perder-se como gota diamantina entre o oceano da luz incriada é, certamente, o melhor anelo ou anseio. Procedi a feliz descoberta na história dentre a família das ciências, com minha própria maneira de dizer a verdade, na manifestação do meu pensamento totalmente livre.

CONCEITO

Em termos conceituais, relatos das origens e dar sentido ao mundo e da própria humanidade, transmitido por revelações da divindade que dá origem o "ser",..

Como a realidade da ordem natural e que tem por objeto o sagrado ou sobrenatural, sobre o qual se elabora: sentimentos, pensamento e ações, variação da universalidade do fenômeno no tempo e no espaço, a humanidade, têm como característica comum o reconhecimento do sagrado e a dependência dos poderes supra mundos.

Reduzindo em termos mais reais, neste contexto dentro do princípio moral da razão e da justiça, o mundo alcança a felicidade e a paz universal congregados, com a marca nos apontamentos de uso e venerar alguma ritualidade, espécie de procedimento padrão para impor ordem e disciplinas aos trabalhos, ideias importantes, que para os ascendentes seguir uma ordem templário, uma reunião de condomínios social muito rico, nos ensinamentos e na pratica dos princípios e nos ideais da decência, honestidade, gentileza, honradez, compreensão e afeto, o que fortalece a egrégora da organização.

Este dedicado trabalho, nos mostra os ensinos segundo as leis cósmicas.

Valendo-se da sugestiva terminologia Rosacruz, os nomes dos sete períodos que são sucessivos renascimentos de nossa terra são:

1 – Período de Saturno;
2 – Período Solar;
3 – Período Lunar;
4 – Período Terrestre;
5 – Período de Júpiter;
6 – Período de Vênus;
7 – Período de Vulcano.
TEMA

Comentários bíblicos, expressa um fim definitivo para o planeta terra, junto com todo o seu conteúdo.

Em Contraste, para vários outros, o que realmente chegará ao fim é uma "era" e não a terra literal e seus habitantes, conforme poderemos observar a análise comparativa das doutrinas diversas, várias, denominações cristãs vieram a desenvolver os seus conceitos, sendo que alguns deles são divergentes.

Na interpretação do historicismo: os eventos proféticos, descritos literal ou simbolicamente, ocorrem com o passar do tempo e são históricos, podendo ser interpretados de expressões-chave contidas na profecia.

O sistema de adoração adaptado às necessidades espirituais de nossos antepassados não se adapta mais a intelectual.

Portanto, os grandes responsáveis pela evolução, mudam a harmonia com a marcha dos astros.

Neste período de transição planetária em que vivemos, a fila da reencarnação está enorme.

Bilhões de espíritos disputam vaga por um corpo físico...

Algumas seitas sempre falam no fim do mundo, no final dos tempos.

O espiritismo explica que estamos vivendo um período de transição.

Deixaremos de ser um mundo de prova e expiação para sermos um mundo de regeneração (fonte: fraternidade universal).

Dentro das categorias divinas, regida e guiada por uma hierarquia, representando o ser característico, ente supremo de Nosso Senhor Jesus Cristo, pode se dizer o anjo superior dos continentes celestes, o príncipe, governante de todas as forças da criação, em benefício dos habitantes da terra, domina e gerencia o Universo em nome de Deus, excelso médium, entidade superior que conhece o infinito, acompanhado por uma corte de entidades superiores espirituais celestes, seu dever é velar, adorar e louvar o absoluto, o eterno Pai cósmico comum, assim como propagar o princípio da vida universal e manifestar a glória de Deus, em sua essência as virtudes da verdade, da sabedoria e da misericórdia. Sensível à emoção Nosso Senhor Jesus Cristo[1] reformula a ideia de Deus de forma altamente racional: PAI.

> A Providência divina não é geral, é específica. Não é uma única visão sobre todas as criaturas, é uma visão única para cada criatura. Por isso, provê sem assumir as necessidades, a fim de não anular o esforço individual.
>
> Da doutrina de Jesus, enredado pelo determinismo pessoal o homem esta livre de definir seus caminhos; e o divino a evolução preconizada pelo "sede perfeitos". Nem as criaturas humanas caminham a sós, nem foram abandonadas; estão sob o amparo da Providência divina. (Cenário Intelectual da época, da Manjedoura a Emaús, Wesley Soares Caldeira, páginas 146/147.)

O maior milagre no mundo é este: você existe, eu existo. Existir é o maior milagre.

Nota do autor:

1 – N. S. Jesus Cristo, induzindo os menos esclarecidos a crer, sem os chocar, sem investir contra as suas convicções e, sim, atraindo amavelmente ao convite de um doce recolhimento interior, com os mais puros pensamentos, e deixa, por fim, que todo o nosso ser vibre em uníssono com o grande ser cósmico e possamos espargir o odor da mais santificante do mais santificante desejo de ser útil. Alguma semente germinará e se transformará em delicioso fruto, que mitigar a fome do caminheiro da grande estrada. Mas se estamos claramente informados de que a chamada vem de Deus, atingindo todas as criaturas na hora justa da evolução só a escolha, que depende do nosso exemplo, nos confere caminho para a vida maior com segurança, amor e a sabedoria das Leis gerais.

Frase do próprio autor: Como um pequenino ser vivente em peregrinação na terra, após a noite do túmulo, brilhara o sol de uma nova vida, em que me será possível aproveitar a experiência do passado e minhas resoluções para o futuro, sentimento em nova luz de esperança e consolação.

SUMÁRIO

CAPITULO 1

As Definições

A SEMENTE

A pequena semente, um simples grão que se é enterrada em solo fértil, é o maior favor que se pode fazer que haja de nascer, fundando-se no princípio de que tudo vive nos serviços da natureza, desde o mineral até a humanidade do criador ou prime da vida, realizando a vontade do criador, que é sempre o bem para todas as criaturas, revestida aos nossos olhos, transmite silenciosa e sublime lição, tocada de valores infinitos à criatura na evolução do mundo.

Se quisermos o fruto, não despetalemos a flor.

Mostra o ponto de partida os lugares próprios e os tempos adequados, complemento do intelecto pelos sentidos de ter a visão das ideias, uma realidade originária e invisível.

Nesta formação a humanidade pretende trair as leis profundas dá natureza; exige as obras de um dia para outro, estabelece domínio transitório.

O exemplo dado a essa semente minúscula e que garante a vida, em todas as regiões do planeta, constitui um importante serviço, no esforço indispensável às possibilidades pequeninas; um minuto, uma atenção afetiva, pode representar sementes imprescindíveis, pois, jamais desprezá-las, exonerando-se dos elementos de mais envolvente degradação que o aviltam; renovação para o bem registra o auxílio dos inúmeros agentes que apoiam o serviço ao caminho verdadeiro da Razão Perfeita.

Nesta existência de inquietações, a ignorância e a crueldade se transviam na interceptação da obscuridade.

A Formação é suficiente e que dá testemunho sereno para rever sempre os compromissos assumidos, responsabiliza-se, tanto maior quanto maiores lhe forma no mundo as oportunidades de elevação e a luz do conhecimento que é somente recordação.

Muitas vezes, ascendem a escolas beneméritas, nas quais recolhem mais Lattes noções da vida, aprimoram-se nas atividades, melhorando os próprios créditos; todavia tenha superado a "semente do destino", de vez que eles mesmos, se reconhecem de promoção a níveis mais nobres.

Nesses casos, a escolha da experiência é mais a que legítima, porquanto, pelos títulos adquiridos nos trabalhos a que abraça, merece a criatura os cuidados preparatórios da nova tarefa em vista, junto aos quais se redima perante a lei universal, porém será ainda preciso adquirir, nos séculos futuros, a noção de ideal que servirá de ligação entre todas as obras do pensamento.

Fatos surpreendentes ocorrem em todos os tempos, em todas as épocas, que causam admiração à humanidade, mas a explicação da singularidade é impressionante; não é bem causa, mas a "razão".

O que o progresso produziu hoje faz certo caminho, o que a humanidade não se contentará em falar do fato, como se fala da chuva e do bom tempo; querem lhe procurar a causa.

Em uma "existência" criar uma ideia a fim de permitir toda a nação entender-se e assim aumentar a facilidade das reações e o progresso humano, *se tudo tem causa, é preciso supor uma causa para o mundo, um motor incausado, imutável e autossuficiente, na formação do cosmo (Aristóteles IV a.C.).*

O humano criado por Deus em igualdade de condições, sujeito as mesmas leis naturais de progresso que levam todos, gradativamente, à perfeição, ao progresso com as sucessivas experiências, vivenciando necessariamente todos os segmentos sociais, única forma da pessoa acumular o aprendizado necessário ao seu desenvolvimento, o progresso obedece às leis morais ensinadas e vivenciadas com os nossos orientadores biológicos.

A ultrapassada existência do globo terrestre, em contato com outros pólos de civilização, com inúmeras transformações, muitas com evidente benefício para os seus membros, decorrentes do progresso geral ao qual estão sujeitas todas as etnias, independentemente da coloração de pele.

De fato, as leis universais da evolução constituem novos parâmetros para a compreensão do desenvolvimento dos grupos humanos, nas diversas regiões do Orbe.

Foi sobre este dado que estabelecem as leis sociais e os privilégios de raças. Deste ponto de vista circunscrito, são consequentes consigo mesmos, porquanto, não considerando senão a vida social, certas classes parecem pertencer, e realmente pertencem, a raças diferentes.

Mas se tomar seu ponto de vista do ser existencial, do ser essencial e progressivo, numa palavra, do ser humano, preexistente e sobrevivente de forma e de cor se, alem disso do estudo dos seres viventes ressalta a prova de que esses seres são de natureza e de origem idênticas, que seu destino é o mesmo que todos partem do mesmo ponto e tendem para o mesmo objetivo, nasce em posições diferentes, chega-se a consequência capital da igualdade de natureza e, a partir daí, à abolição dos privilégios de raças.

Há pessoas que estão sempre a buscar atalhos, soluções prontas, para agirem sem o esforço da análise, do exame cuidadoso. Essas pessoas, por certo, ainda não entenderam a inspirada assertiva de uma mensagem informada.

Quando se pode encarar frente a frente à razão, em todas as épocas da humanidade, o esforço é penoso para aqueles que desejam receber tudo pronto. Os que assim se posicionam têm muitas duvidas no terreno da fidelidade na teoria.

O que semeias não readquire vida a não ser que morra. E o que semeias não é o corpo da futura planta que deve nascer, mas um simples grão de trigo ou de qualquer outra espécie.

A seguir, Deus lhe dá corpo como quer; a cada uma das sementes ele dá o corpo que lhe é próprio [...].

Há corpos celestes e há corpos terrestres.

Um é o brilho do sol, outro o brilho da lua, outro o brilho das estrelas. E até de estrela para estrela há diferença de brilho-(Fonte: Elucidação do Apóstolo Paulo de Tarso o Evangelista – extraído de 1 Coríntios, 15:35 a 55).

Deus mesmo sendo invisível aos olhos de muitos, deixa-nos sinais em todos os lugares. Na manhã que nasce calma. No dia que transcorre com o calor do sol ou com a chuva que molha a terra, faz eclodir a semente, nascer à planta, surgir a flor, renascer no fruto.

O futuro nasce como uma soma gigantesca de processos escondidos nas pessoas.

CAPITULO 2

O Problema da Evolução

Na evolução mental observamos dois caminhos distintos: um natural, espontâneo, seguindo os ditames do coração e as aspirações superiores; outro, antinatural, premido pelo sofrimento, pela insatisfação e pelo desassossego interno.

O primeiro caminho, o da evolução natural é tranquilo, feito de sublimes renuncias e do anelo de adquirir o mais belo, o melhor.

O outro, o caminho da dor é áspero, atravancado pela ambição, pelo egoísmo, sem a preocupação de seleção de valores morais e, tão somente visando à satisfação dos desejos e a gratificação dos sentidos exaltados.

Há um perfeito ciclo evolutivo que percorremos em uma linha espiral, que sai do Criador. Esta linha ora chega a periferia do círculo infinito, quase tangendo-o, obrigando, neste caso, a perda de energia, ora se aproxima do Centro – Criador – ganhando o ser mais força e adquirindo sabedoria.

Neste ciclo, percorremos, invariavelmente, duas correntes opostas, antagônicas – a do bem e a do mal.

Quanto mais nos aperfeiçoarmos, seguindo o caminho do bem, mais nos afastaremos da periferia – a personalidade – e mais nos aproximaremos do centro – a individualidade, o cristo interno.

Estas duas forças contrárias nos obrigam a um desgaste permanente da personalidade em favor do ego superior, deus em nós, resultando, mais ou menos lentamente, na tão desejada perfeição.

Vemos que estas duas trajetórias se encontram por duas ou mais vezes; uma invariavelmente, na infância, quando recebemos a educação dada pelos nossos maiores; outra, no meio, ou talvez, já no fim da existência, quando por mercê de deus, nos deparamos com o Mestre humano, que fora incumbido pelos senhores do destino para ajudar a nos salvar.

No momento em que as duas linhas se cruzam, as centelhas bem e mal são, por vezes, intensíssimas, de acordo com o potencial das forças empregadas.

Daí pode resultar em um rápido e sensível desabrochar da alma ou em um lento e doloroso aniquilamento sentimental.

É a hora fatal do maior desgaste da força do mal que, transmutada pela positividade da mente do instrutor, vai se integrar no centro do grande sistema, trazendo para o Mentor aumenta de sua capacidade anímica e, para o adepto, o aluno, um desnorteamento tão completo de sua vida interna que ele, muitas vezes, não sabe o que fazer e nem pensar.

Se não for carinhosamente amparado pelo Mestre, que lhe dará sua mão e lhe mostrará o caminho a seguir, ser ele capaz de estacionar ou, o que é pior, retrogradar ao ponto de partida, onde tudo lhe era nebuloso e ignorado.

Os bens intencionados, os escolhidos se aferram ao instrutor, bebem-lhe, gota a gota, as palavras, decoram-lhe as lições e... Se vencem, vencendo, deste modo, o destino...

Os céticos e presunçosos, atacam os conhecimentos recebidos, com o desprezo e a verberação insólita, atrasando a própria evolução e fazendo profundos sulcos em sua alma...

Para aquele que, prazerosamente, aceita estes ensinamentos, mais fácil se torna a caminhada, pois pelo seu próprio esforço e compreensão da lei, aplaina a via, afastando os obstáculos e, não raras vezes, juncando-a de belas flores de seus mundos interiores.

Dado o livre arbítrio, somos senhores absolutos desta escolha; então elegeremos o nosso Mestre, escolheremos os nossos livros e damos cabal desempenho a nossa tarefa.

Pelos milênios sem fim seguiremos o mesmo ciclo: involutivo, e evolutivo acatando o aprendizado sadio e profícuo do mundo, para o retorno ao infinito.

Muitas são as oportunidades que se nos deparam para nos melhorarmos e podermos ser o "centro perfeito" de nosso mundo interno e externo. Mas, faz-se necessário termos o entendimento preparado, para podermos diferenciar o egocentrismo desinteressado do ambicioso e cheio de orgulho.

Poderemos ser um centro magnético, em torno do qual geram as coisas boas da vida e as almas afins, como, também poderemos deturpar a nossa missão e nos transformarmos em um centro atrativo de bens materiais que nos obumbram (escurecem) os sentidos, ao invés de sermos um Sol elevado que nos traga alegria de viver dentro da perfeita lei de Deus.

Com a concentração do pensamento tudo poderemos atrair, mas é grandemente perigoso fazermos demonstração desta força antes de estarmos preparado e altamente sublimado...

Quando, ainda vibrando muito no elemento material, nos é dado desfrutarmos de fortuna e a abundância de bens materiais, pode se nos enfraquecer a fibra e, dormindo, em um eterno descanso de fartura, não percebermos a luz do amor que nos vem convidar para a vida sublime do bem.

Custamos a despertar; e, quantas vezes precisamos de forte sacudidela para abrir os olhos, e, ainda estremunhada pelo longo letargo, nos apercebermos de que estivéramos parados, marcando passo, enquanto outros – operários diligentes da sabedoria – já vão longe, bem distantes de nós...

Os Mestres nos chamam uma, duas, três vezes e mais e nós, inexperientes, fátuos, ensimesmados em nossa tartufa grandeza personalística, não lhes ouvimos os insistentes apelos!

Desviamos a vista da candeia acesa, com medo de nos ofuscarmos, ou apagamo-la com o forte sopro de nossa incompreensão...

Mas, Deus, misericordioso, cheio de bondade para com a sua obra, dá-nos outras oportunidades, fazendo atravessar os nossos caminhos aqueles que nos abrirão as portas do Éden, o qual só será alcançado com muito esforço e perseverança.

E, ai daquele que despreza a luz dos ensinamentos perfeitos e envereda pelas trevas das dissipações!...

Terá este que voltar atrás, apanhar as ferramentas do trabalho que jogara à margem da estrada e encetar, novamente, a marcha em direção ascensional à casa paterna.

E, como o filho pródigo, cheio de opróbrios e coberto de vergonha, voltarão arrependidos e, confessando-se culpado, obterá o perdão e a necessária licença para cursar de novo a Escola máxima da expiação e do resgate – a vida neste solo terrestre.

Mas não nos estribemos nesta misericórdia sem a merecermos e façamos todo o esforço possível para nos vencermos, retirando de nossa alma a pedra bruta ou lapidando-a adaptação às circunstâncias a que se apresentarem no palco de nossa existência.

Por um ato da mais límpida justiça, pode nos ser negada a oportunidade de uma nova oportunidade e ficarmos privados de brilho por muitos e muitos tempos...

Então, como as toupeiras terão que viver na escuridão e na lama feitas pela nossa ignorância e pouco interesse em aprender os sagrados ensinamentos, os únicos certos e úteis para s nossa tão desejada felicidade.

Devemos adornar a nossa alma com os mais belos adereços, feitos de boas obras e dos mais puros sentimentos, sem o que não receberemos o passaporte que nos encaminhará a um mundo melhor, onde vamos encontrar os objetos talhados pelas nossas próprias mãos e dele desfrutarmos...

Só a ciência religiosa é eterna e vivida; todas as demais: artes, engenhos humanos, inventos, são, apenas, complementos para tornarem-na mais bela e atrativa.

O ser mais pobre e desprovido de ensinamentos culturais, porém humilde, pode nos dar belíssimas lições de altruísmo e de amor e, com isto alcançar esplêndida clareza, brilho, exclusivamente pelo cumprimento à lei e ao amor ao próximo.

Nisto se resume toda a ciência do saber viver para alcançar a Paz nesta passagem terrena e ter o prazer de levá-la aos planos ignotos do exterior.

Para isso diz-nos o Eclesiastes: Deus dá sua luz aos humildes e nega aos soberbos.

Não se infere daí que não devamos ter o intelecto cultivado.

Não! Absolutamente, não! Uma coisa não é contrária outra, nem a ciência espiritual inibem a intelectual; todas fazem partes da divindade são utilíssimas para nos ajudar compreender deus imanente e Deus transcendente e sermos que qualquer de seus dois aspectos está em nós e nós vivendo nele.

O importante, o imprescindível, é sabermos amar a Deus, como ele o merece e fazer a sua vontade em todos os momentos de nossa vida, aceitando de boa mente o que dele vier, podendo dizer, com toda a resignação e confiança: Pai cumpra-se a tua vontade e não a minha.

Só assim teremos resolvido o grande problema da evolução e nos achegado mais a deus pela via do amor e do desprendimento às coisas falazes da vida.

CAPITULO 3

Paradigma

Dentro dessa perspectiva, como encontrar o ponto de equilíbrio entre os que querem um *index* – indicador, vestígios e um manual de procedimentos, e aqueles que advogam liberdade ampla, total e irrestrita?

Avaliar a prática em consonância com os princípios teóricos é tarefa para quem conhece realmente uma ideia, um conceito, uma tese.

Daí, a necessidade do estudo, da reflexão, da análise serena e desapaixonada, afim de que se cheque a conclusão do que está de acordo e do que está em confronto com a "verdadeira razão".

Ao escrever em busca da arte, o estudo, a manifestação dessa beleza de escrita eterna, não percebemos senão um reflexo. Para contemplá-la em todo seu esplendor em todo seu poder é preciso subir de grau em grau em direção à fonte da qual ela emana, e esta uma tarefa difícil para a maioria de nós. Ao menos podemos conhecê-la através do espetáculo que o universo oferece aos nossos sentidos, e também através das obras que eles inspiram aos indivíduos de talento.

Evidentemente essa ideia, em sua aplicação, necessita de um exame, um controle rigoroso, mas a beleza que dela se desprende revela-se deslumbrante a todo pesquisador imparcial, a todo observador atento.

Falar da influência nos tempos modernos é compreender que há três grandes estágios: iniciação, trabalho e progressão. O desabrochar, parcial nos mundos, é completo no espaço. Vimos nossos artistas fazerem sua iniciação na antiguidade, quer em Roma, na Grécia ou no Egito.

Em outros ambientes amadureceram e aproveitaram as qualidades adquiridas e trouxeram consigo seu ideal da época do Renascimento; em seguida esse ideal desabrochou um século mais tarde, nas letras, nas artes e na arquitetura.

Em que ela consiste em nossa época?

As belas obras rebuscadas reascendem de maneira mais intensa, paralelamente, outros trabalham e impregnam de positivismo, no momento presente um princípio pessoal classificado de ideais, de belas qualidades do ponto de vista trabalho, e que devem brotar a centelha da ciência.

É por isso que, atualmente, constata-se uma luta entre a ciência pura e, a busca dos destinos humanos, sua formação e a do cosmo.

A arte de escrever brota da inspiração, por isso é necessário mostrar-lhes como ela se desenvolve e cresce em constante evolução, a fim de que possam perceber a caminhada ascendente da verdadeira razão.

Os cientistas da época atual não viveram no mesmo tempo que os idealistas que conceberam belas obras, e inflamar os cientistas, cuja inspiração pessoal confinou-se no domínio teórico.

A iniciação de nossos contemporâneos a insuflar inspiradores exemplos, à revelação de forças desconhecidas.

Criaturas que seguem uma linha elementar de evolução são reais e efetivam um papel primordial na natureza do crescimento e da estabilidade da formação do senso comum, das opiniões prevalecentes e constituídas.

A linha de evolução elementar tem uma estreita ligação com os elementos da natureza humana, suas correspondências, sua analogias, e que suas radiações se fundem e se harmonizam com as profundezas do ser na medida de nossa evolução e com eles encontram-se em conjunção, atuando simbioticamente com os mesmos, no sentido de agregarem e potencializarem seus impulsos desenvolvimentistas.

Sendo assim vemos, animadamente sobre todo o ser vegetal que ali se encontra com os seus crescimentos, em todos os sentidos.

Essa íntima relação com os elementos da disposição interior fazem de si extremamente diferentes uns dos outros o que levou a humanidade a classificá-los com diferentes termos, atribuindo aos seres relacionados com o elemento terra as denominações genericamente aplicadas.

De toda a informação canalizada que recebemos alguns das mais úteis para a auto-compreensão tem sido a nossa origem.

Apesar de viver neste Universo muitos se sentem "fora do lugar".

É por isso que muitos olham para as estrelas a noite, e sentem vontade de ir para casa sem saber onde a casa é.

Muito tem problemas em aceitar, ou acreditar ensinamentos padrão, sabendo que há mais da vida, mas sem saber o que.

Os relacionamentos podem ser entendidos mais profundamente quando entendemos as varias energias e tipos de personalidade que manifestam no plano Universal da realidade.

Ao compreender a energia que é trazida para esta realidade, poderá iniciar a compreender a si mesmo e a outras reações e respostas emocionais, e usar isto como uma ferramenta para trabalhar em conjunto, melhorar a comunicação e formas de relacionamento em vez de tentar alterar ou controlar a si mesmo ou aos outros.

Nossa origem chamada de origem secundária universal.

Isso não muda a origem primária do universo, mas acrescenta outros aspectos do ser humano em geral.

Como usar esta informação:

Temos em mente a nossa origem terrestre é o seu começo nível, mais profundo do que somos, desde quando nós começamos a se desenvolver.

O problema mais comum com a leitura da autoconsciência em resplandecente trabalho, é ter uma forte ligação e conhecimento de trabalho com um determinado grupo comunitário, se desenvolvem estreitas ligações a esses grupos, estão muitas vezes a trabalhar com os mesmos.

Essa é mais um que você esta se tornando "do que um" quem somos / aonde viemos.

A origem é a base do que somos como chegamos a ser quem somos e onde estamos agora, como lidamos com as coisas que desenvolvem para nós aprender durante este trânsito da vida.

È um nível muito profundo de auto-compreensão, e só é feito para ser usado como uma ferramenta para aprender e crescer e avançar para o que está próximo e melhor para nós, em um nível pessoal.

Nunca é algo que deve ser anexado tão a sério quem somos não podemos seguir em frente e crescer.

Usamos como um passo na auto-compreensão, de modo que podemos colocar-se em conjunto com todas as peças de que nós somos e tornarmos tudo que podemos ser.

O tipo de um intelectual determinado, ao atingir certa idade, conquista uma maturidade sábia. Por mais revolucionária que tenha sido na juventude, ao envelhecer vai se tornando mais sereno. Talvez porque, depois de ter angariado um reconhecimento quase unânime, sabe que não há mais necessidade de provar nada a ninguém.

Devemos aprender da filosofia, puríssima essência dos seguidores religiosos que a humanidade não se pertence, senão enquanto se baste e que, na relação da vida social, cada individuo deve muito mais aos outros do que a si próprio.

Pois, enquanto a si mesmo ele deve o que baste à sua conservação e a sua felicidade intima – e esta felicidade é feita somente na consciência de que é um elemento útil a obra da vida – Aos outros, deve ele toda uma serie de obrigações a que começam no sacrifício e na renuncia da individualidade e vão ate esse problema da edificação coletiva ao qual serviço somos constantemente chamados e a que não deveremos ser indiferentes, porque eles representam, mais do que pensamos, uma contingência de nossa ação na vida da gleba terrestre.

A instrução é uma gema preciosa, mas pouco ou nada vale sem a ação do lapidário moral. E este tem de conhecer o processo pelo qual, da pedra bruta e informe o desabrochar dos feixes de compreensão, do aprendizado, como se cada pequena faceta mínima tivesse a capacidade de refletir o infinito com toda a sua fascinante policromia!...

Tão pouco não visa à educação preparar parasitas e exploradores para, em golpes de audácia e inteligência, sugar o sangue dos seus semelhantes, extorquirem o produto de longos anos de trabalho penoso e fatigante, o que é ser mais ladrão do que o próprio ladrão batedor de carteiras!

Neste país como este nosso, onde quase tudo ainda esta por fazer, também seria absurda e monstruosa a existência de cenobitas do ideal, de anacoretas da ciência, poetas ou filósofos, matemáticos ou artistas, isolados no estudo egoísta á agitação da existência do comum dos homens, insensíveis às sugestões do meio em que vivem. Deixai essa vida para os dementes – que pertence a classe dos mais inúteis seres da terra!...

O Brasil não tem excesso de servidores; ao contrário, é ainda escasso o número dos que o amam e o servem com verdadeira utilidade.

Assim, o que vos espera agora não é o gozo moral de estudos calmos, como os que fizemos aqui.

Daqui a pouco estaremos em plena luta, chamados talvez a resolver problemas sociais da mais seria importância.

Conservamos os conhecimentos que vamos recebendo no decorrer de nossa existência e onde estão arquivadas as reminiscências de memórias...

Em tenra idade somos guiados e assistidos por nossos Pais, ou na falta destes por pessoas a quem fomos confiados.

Nessa marcha seguimos até os 14 anos de idade, época em que atingimos certa independência e começamos a nos bastar e, às vezes, ate a nos suprir.

Com a educação que recebemos a instrução e uma percentagem de herança biológica e psíquica paternas, nos atiramos ao mundo enfrentamo-lo, guiando-nos muitas vezes por aqueles que, vividos e experientes, tentam nos aclarar os caminhos terrenos e iluminar com a lâmpada da sabedoria a nossa inquieta vida.

Para conseguirmos reconhecimento, será necessária muita dedicação, árduo trabalho de pesquisa e a publicação dos resultados obtidos por aqueles que se dedicarem à luta. Talvez, com o passar do tempo, tudo isso um dia possa tornar-se ciência ou então chegar-se-á à conclusão de que a visão científica não é a única forma para penetrarmos em muitos dos grandes mistérios do universo.

Todavia o progresso da humanidade costuma dar-se quando um desses paradigmas é desmantelado por novas evidências, que criam novas hipóteses e evidentemente novos paradigmas. É a eterna luta do revolucionário contra o *establishment*.

Neste livro compilado com artigos de grandes psicólogos, físicos, filósofos e pesquisadores de psicologia transpessoal, o artigo de abertura se inicia com a seguinte frase: "Todo ponto de vista depende de certas suposições referentes à natureza da realidade. Se isso é aceito, as suposições funcionam como hipótese; se isso é esquecido, funcionam com crenças. Os conjuntos de hipóteses formam os paradigmas." E mais adiante: "Um paradigma que se torna normativo se converte em marco de referência e filtro conceitual que condiciona a maneira natural e sensata de ver as coisas".

Sei que para tudo há uma razão.

Em toda a história da humanidade em resistido às mudanças e à aceitação de novas ideias. A tradição histórica está repleta de exemplos. Quando Galileu descobriu as luas de Júpiter, os astrônomos da época se recusaram a aceitar – e até a olhar – esse satélites, porque a existência deles era incompatível com suas crenças.

Este livro é a minha pequena contribuição para as pesquisas que estão sendo feitas no campo da parapsicologia, sobretudo no ramo que trata de nossas experiências anteriores ao nascimento e após a morte.

Levei tempos para decidir escrever o que aconteceu, anos para reunir coragem e assumir o risco profissional de revelar esses fatos nada ortodoxos.

De repente, uma noite, enquanto estava orando, me senti compelido a colocar no papel a experiência. Tive uma forte sensação de que o momento chegara, de que eu não deveria mais guardar o que sabia.

Devia dividir com os outros os que aprendi, e não manter em segredo.

O conhecimento viera através das frequências da reunião espírita no Centro Apóstolo João Batista, extinto após o desencarne da fundadora Baronizia

Lungas Gonçalves, em 2005, agora cabia a mim transmiti-lo. Estava consciente de que nenhuma consequência que viesse a enfrentar seria tão arrasadora como a de não compartilhar o conhecimento que eu adquirira sobre a imortalidade e o verdadeiro sentido da vida.

"É tudo tão rápido e complicado... o que estão me dizendo... sobre mudança, crescimento e planos diferentes. Existe um plano de consciência e um plano de transição. Viemos de outra vida e, se as lições se completarem, passamos para outra dimensão. Precisamos compreender totalmente. Caso contrário, não nos permitem continuar... temos que repetir porque não aprendemos. Temos que aprender com a experiência de todos os modos. Precisamos conhecer o modo de querer, mas também o de dar... Há muito a aprender, tantos espíritos envolvidos. Por isso estamos aqui. Os Mestres... são únicos neste plano".

"... A sabedoria se alcança de forma muito lenta. Isso porque o conhecimento intelectual, facilmente adquirido, deve ser transformado em conhecimento "emocional" ou subconsciente. Ocorrendo essa transformação, ela se fixa para sempre. O exercício comportamental é o catalisador necessário para que possa haver essa reação. Sem ação, o conceito se esvazia e desaparece. O conhecimento teórico, sem aplicação prática, não basta.

"Negligenciam-se o equilíbrio e a harmonia atualmente, mas eles são a base da sabedoria. Tudo se faz em excesso. As pessoas engordam porque comem muito. Quem corre esquece de si mesmo e dos outros porque tem pressa demais. As pessoas parecem excessivamente mesquinhas. Bebem demais, fuma demais, divertem demais (ou de menos), falam muito sem dizer nada, se preocupam exageradamente. Pensa-se muito em termos de branco ou preto. Tudo ou nada. Essa não é a maneira de ser da natureza.

"Na natureza há equilíbrio". Os animais selvagens destroem em pequenas quantidades. Não eliminam ecossistemas inteiros. Os vegetais são consumidos e depois tornam a crescer. As fontes de sustento se renovam. Aprecia-se-a flor, come-se o fruto, conserva-se a raiz.

"A humanidade não sabe o que é o equilíbrio, muito menos como praticá-lo". E guiada pela ganância e a ambição, movida pelo medo. Assim vai acabar se destruindo. Mas a natureza sobreviverá; pelo menos as plantas sobreviverão.

"A felicidade se baseia na simplicidade. A tendência para o excesso em pensamento e ação a diminui. O excesso obscurece os valores básicos. As pessoas religiosas nos dizem que a felicidade está em encher o próprio coração de amor, em ter fé e esperança, em praticar a caridade e ser generoso. Estão certas. Estas atitudes levarão ao equilíbrio e à harmonia, constituindo-se num modo de ser. Hoje em dia são um estão novo de consciência. É como se a humanidade não estivesse no seu estado natural enquanto vive na Terra. É preciso alcançar um estado novo para se encher de amor, caridade e simplicidade, para sentir a pureza, para se livrar do medo crônico.

"Como se alcança esse estado novo, esse outro sistema de valores ?

É, uma vez alcançado, como se pode mantê-lo? A resposta parece simples. É o denominador comum de todas as religiões. A humanidade é imortal e o que fazemos agora é aprender as nossas lições. Estamos todos na escola. É muito simples quando se é capaz de acreditar na imortalidade.

"Se parte da humanidade é eterna, e há muitas evidências e fatos históricos para que se pense assim, então por que nos causamos tanto mal"? Por que atropelamos os outros, visando ganhos pessoais, quando, na verdade, estamos sendo reprovados nas nossas aulas? Parece que, no final, vamos todos para o mesmo lugar, embora em diferentes velocidades. Ninguém é maior que o outro.

"Considere as lições". Intelectualmente as respostas são claras, mas a chave da questão está em atualizá-las pela experiência e tornar definitiva a marca subconsciente pela prática e a emocionalização do conceito. Decorar as aulas da escola dominical não basta. Falar sem agir não tem valor. É fácil ler ou falar sobre o amor, caridade e fé. Mas fazer, sentir quase requer um estrado novo de consciência. Não se trata do estado de transição induzido por drogas, álcool ou uma emoção inesperada. Atinge-se o estado permanente pelo conhecimento e a compreensão. Ele se mantém pelo comportamento físico, pelas atitudes e ações, pela prática. É pegar algo quase místico e transformá-lo em familiar e cotidiano através da prática, torná-lo um hábito.

"Compreender que ninguém é maior que ninguém. Sentir isso. Praticar o auxílio ao outro.

Remamos todos no mesmo barco. Se não nos esforçarmos juntos, ficaremos muitos solitários."(Brian Weiss, Muitas vidas, muitos mestres-2013).

CAPITULO 4

Mensagem de uma incógnita

Propositadamente neste quarto capítulo, infundi no ânimo o princípio de sabedoria, consoante a próprias afirmativas sagradas as escrituras.

Podemos fazer alguma coisa na vida com o auxílio de nossos superiores e não nos iludamos.

Viemos de uma grande jornada, na conclusão de cursos de Humanidades, e ainda, nos parecemos que trazemos na cabeleira o pó das últimas caminhadas escolares!...

Abre-se para nós uma estrada para ser percorrida, novos horizontes tendo á frente, novas responsabilidades, novos ideais! Vamos, talvez, prosseguir em uma caminhada discente, em busca de novos conhecimentos, na ânsia de obtermos título de graduação, de uma profissão que mais facilita ganhar a vida; ou, quem sabe? Vamos enfrentar a vida prática, constituir família, lutar pela vida, enfim. Pois bem, seja qual for o rumo que iremos tomar em frente, lembramos do mais é necessário, talvez mais do que nunca dos nossos superiores, - se desejamos passar pela vida como benfeitores, se o vosso propósito é deixar algum trabalho que deliciemos um progresso científico que melhora as condições humanas, um acrisolado amor a Pátria, um empreendimento em prol da paz e da fraternidade entre a humanidade, ou, ao menos, se desejais ser um bálsamo para as dores e misérias do infortúnio, uma só palavra de amor e compaixão, um sorriso de graça e de bondade para os desprotegidos da sorte, - contribuindo de uma forma ou de outra para o bem-estar e a felicidade!

E permitimos e digamos: se estas não são as aspirações que acalentamos em nossos âmagos, se ao contrário, na concentração dos vossos próprios interesses, na egolatria maldita do egoísmo, do culto exclusivo do "eu", penetramos na vida só pensando em nós mesmos e no que havemos de obter para os nossos regalos e deleites, para levarmos uma vida de nabados... Passaremos pela vida em branca nuvem sereis desprezados pela humanidade e renegados de nossos entes superiores; e, ao invés deter sido uma benção a nossa passagem por esta vida, se-nos-a uma maldição, pois que, as brasas vivas do Juízo Supremo amontoar-se-ão sobre as nossas cabeças no tremendo! Dia do Juízo!

Consoante afirmamos em formas variegadas, o Livro dos Livros, a revelação escrita do livro da sabedoria!

O mais importante de todos os segredos dos segredos diz respeito ao nosso próprio ser.

O inculto diria que somos apenas mais um ser entre um número incalculável de seres espalhados num universo infinito. Nossa magnitude, nosso tempo, nossos sentidos, nosso poder, nossa sabedoria e tudo mais são insignificantes. O antropocentrismo – o homem como eixo do universo – coroado pelo individualismo - a minha pessoa no centro do humano – é a plataforma mais delirante pela qual enxergamos a realidade.

Então vem o segredo que nos inicia a ideia de que o universo conspira a nosso favor O universo está o nosso serviço, se focalizarmos, meditarmos ou orarmos, tudo aquilo que desejarmos será canalizado para nós (Escritor Nilton Bonder, 2007).

CAPITULO 5
Verdadeira Razão

Mas, para tamanha infelicidade não nos aconteça, é mister nos lembremos sempre desta vida, deste ninho carinhoso em que se robusteceu para a vida a nossa energia e onde se emplumou para o voo a nossa inteligência e coração. "Lá fora o nosso espírito via dar as suas flores e os seus frutos; mas aqui auriu ele a seiva que lhe alimentou as raízes e o tronco; aqui, ele se lembre na época da florescência e da frutificação, com saudoso carinho, do solo que lhe deu vida e energia... Verdadeira Razão".

Sobretudo, o de que mais devemos lembrar-nos são sem dúvida dos ensinos preciosos do Livro dos Livros, das palavras da providência, das preces que em vosso favor foram dirigidas ao Pai Eterno, preces ungidas do mais fervoroso amor, em que, não só nós, mas os nomes dos nossos pais eram lembrados, pedindo-se a divinal direção para o nosso futuro e para a grandeza e felicidade da Pátria.

Lembrai-nos sempre desta vida, colocando o culto das virtudes mais primorosas é a leitura da sublime palavra, que se faz a cada dia, por entre bênçãos do céu!

Seja qual for o nosso credo religioso, a consciência, que é a nossa divindade em nós, não poderá furtar-se ao reconhecimento da soberania absoluta das verdades e ensinamentos exarados na palavra divina; verdades e ensinamentos que devemos guardar no escrínio das coisas mais preciosas, como abrigo para a luz dos quatro sóis e abrigo para os sóis dos quatro mundos!

Daremos toda ênfase precisa a este nosso dever supremo; supremo sim, porque nenhum outro há maior, visto ser o dever da humanidade para com o supremo o principal, a base, o alicerce, a inspiração e fortaleza de todos os deveres que o indivíduo tem para com o seu semelhante e para consigo mesmo.

Assim, a verdadeira filosofia que deve nortear os nossos destinos de sermos racionais – é a que se resume em três palavras: - Criador, o próximo e "Eu", distintas, embora, mas entrelaçadas pelo vínculo da perfeição que é o amor, formando um triângulo perfeito.

"Na Base, o criador tem direitos inalienáveis, que nos compete cumprir fielmente. Num lado, o próximo, de quem somos. Do outro lado, ficamos nós mesmos nossa vida e nossa conduta, como obrigações de grande valia e dignos de toda a nossa carinhosa atenção sacramentada na religião".

Isto nos significa dizer que o nosso labor, a nossa vida, os nossos passos devem, em tudo, o bem-estar do próximo e consequentemente, por esse caminho, encontraremos a nossa própria felicidade!

"Assim seremos felizes, ainda Eu, depois de largos anos de luta, envelheçamos ignorados e sem premio, ainda que a ingratidão e a calúnia nos assaltem, ainda que vejamos desconhecido o nosso merecimento e incompreendido o nosso labor o que constitui a nossa felicidade não é tanto a recompensa do bem que fazemos: é esse próprio bem que fica feito". Só é verdadeiramente infeliz, sem deixar após de si uma obra que honre o seu Criador, um trabalho em benefício do seu semelhante, alguma coisa para deleitar as almas, algum progresso que amenize as agruras e os infortúnios da sofredora humanidade, alguns se esforcem favor da paz e da ventura humana, ou, pelo menos, um arrimo para os desprotegidos da sorte, um consolo para os infelizes, uma palavra de defesa contra os açoites das injustiças, as rebencadas das opressões, um gesto, um olhar de animo e de conforto que proporcione alegria, paz e esperanças nos corações dilacerados!

Para que nos preparamos aqui? Visando só o nosso bem?

Se assim pensamos, erramos, erramos muito, e seremos mais úteis lavrando os campos, cultivando a terra, como de fato o são os que, ao calor de um sol escaldante, entre espinhos e perigos desbravam as matas e sulcam a gleba ubérrima – trabalhando para o enriquecimento do País com os produtos da lavoura, ou extraindo desta mesma terra os minérios valiosos – que são as fontes de nossa maior riqueza econômicas!

É verdade que o mundo atende demandas e oferece enormes possibilidades, mas isto acontece também num mundo onde as pessoas adoecem e morrem, onde são mortas, onde são injustiçadas. Um mundo onde o atendimento de tantos pedidos é acompanhado de tantos não atendimentos. Em que vencer ou se impor representa um estado momentâneo e não uma natureza do indivíduo.

O indivíduo, porem, é como uma semente (geração), que plantáda junto à água estará diante da benção.

CAPITULO 6

Método lingüístico

A arma mais importante que devemos entrar, as quais são indispensáveis todo o campeão do bem, e que espera ser vitorioso é o *saber*.

São os estudos que fazemos aqui, e que devemos continuar. São livros, esses *mestres mudos* que devem ser os nossos companheiros inseparáveis.

"Os livros", disse Cícero, (106-43 a.C), filósofo romano "são alimento na juventude, encanto na idade madura, ornamento na prosperidade, refúgio e conforto na desgraça".

Não vamos iludir pensando que, por havermos concluído os estudos uma formação de graduação, somos portadores de conhecimentos suficientes, e que não será preciso mais manusear os livros estudados.

Não.

Por melhor que tenha sido nossa graduação, não pretendemos senão a estudar, a procurar as fontes do saber humano, a penetrar no misterioso mundo das ciências.

E digamos com sinceridade: ainda assim muito mal.

Alem disso, não devemos contentar-nos com o pouco que aqui aprendemos.

Devemos caminhar para frente, evoluir, se realmente desejamos ter algum brilho em qualquer das profissões que abraçamos.

Sobretudo, no campo do saber humano destaca-se o estudo da língua materna, princípio de toda a cultura.

"Todo homem tem o dever de conhecer bem o seu idioma nacional, não só para poder exprimir com segurança e clareza as suas ideias, mas até para poder pensar; porque o homem pensa com palavras: antes de termos achado para uma ideia qualquer a sua formula verbal, não podemos contar com ela; sem essa formula verbal, a ideia pode ser tudo, menos um cabedal adquirido".

Estudamos as regras da gramática, consultamos os bons autores, os luzeiros da língua. Leremos e estudamos com amor e devoção. Não nos contentemos com o bom: aspiramos o melhor, procuramos o ótimo; porque mesmo se tivermos a ventura de atingir o ótimo, la dos seus horizontes esmeraldinos divisaremos, extasiados, uma imensa, região desconhecida, crivada de estradas e labirintos novos, por onde só os gênios e os talentos peregrinos puderam passar, como penachos de luz varrendo as trevas!

De par com o estudo da língua materna, o das línguas estrangeiras, com especialidade o latim e o inglês: aquele, por ser a nossa língua – mãe, e de qual conhecimentos não podemos prescindir, para bem entendermos o portugues e aprofundarmos no seu estudo; e este, o (inglês), por ser um idioma quase universal e o mais usual no comércio.

Depois, as matemáticas, que ensinam a raciocinar e a metodizar os estudos; depois, a geografia, que abrange o campo da geologia, cosmologia, mineralogia, etnografia e noções gerais sobre outras ciências; e a história, do qual fatos nos ministram conhecimento valiosos, lições soberbas da evolução do pensamento, das experiências, da marcha da civilização; e o desenho, uma espécie de linguagem mímica, que, com os seus coloridos admiráveis e perfeição de suas linhas, inspira-nos o sentimento do belo, das artes plásticas, e é, como a linguagem articulada, um poderoso instrumento de expressão; e as ciências físicas e naturais, da qual campo de conhecimento abrange o homem, a terra e o universo; e, finalmente, como cúpula do edifício, os estudos clássicos, o grego, o latim, a literatura, - riquíssimo manancial da cultura moderna.

Sobre o valor dos estudos de ginasiais, assim se expressa eminente educador: "O Ginásio é verdadeiramente uma fábrica de homens; entra para ele um espírito débil, mal constituído, exposto a todos os perigos que a ignorância gera e mantêm: ao cabo de pouco tempo, a nutrição científica e o exercício das faculdades mentais transformam esse esboço de espírito em um animo fértil e criador. Até por isto foi feliz a preferência que, no batismo destes institutos de ensino, demos o vocábulo "Ginásio, sobre o outro, "Lyceu", usado em outros países. "Lyceu" era um pórtico e passeio de Atenas, à margem do Ilisso, onde Aristóteles reunia os seus discípulos; era um lugar de calma reflexão filosófica, belo e fecundo retiro adequado às vagas controvérsias metafísicas dos peripatéticos. "Ginásio" era outra coisa: consagrado aos exercícios corporais, à luta, ao pugilato, ao trio, ao jogo do dado e do disco, às corridas, ele era ao mesmo tempo uma escola de filosofia e literatura, promovendo igualmente, como os ginásios modernos, a formação do corpo e da alma. Assim, a denominação é justa e precisa, porque, que vem a ser a educação espiritual senão a ginástica do espírito? A faculdade de pensar, o raciocínio, o livre arbítrio, a coragem, o patriotismo, a aptidão para tomar em qualquer momento uma decisão pronta e eficaz, a justeza do discernimento, o ânimo crítico, o sentimento estético, exercitam-se, educam-se desenvolvem-se, apuram-se por um processo análogo dos exercícios corporais".

Daí, a virtude, a força, a beleza, a utilidade da arma poderosa que adquirimos com a aquisição do ensino secundário; com que podemos lutar e vencer se dela fizermos uso diligente e constante. Mas interessante, se a desprezarmos, ela se voltará pela coroa da incompetência, atirando-nos nos vagalhões do fracasso, do fiasco, onde já muitos têm perecido – náufragos no oceano das competições humanas, no embate das primeiras dificuldades que nos sobrevierem!

Lembramos que estamos no século das competências, das competições em que só vencem os peritos, os preparados, os hábeis, os competentes; sendo deixados à margem, a sofrer necessidades os incultos, os mal preparados, os incapazes, os que na Escola se especializaram na "ciência" da preguiça e da "cola" que constitui uma falta de vergonha e de pudor e péssimo atestado de óbito moral!

Indivíduos que vão caindo no desprestígio, no descrédito, na vala dos vencidos e derrotados!...

CAPITULO 7

Patriotismo

Devemos levar para a luta é o patriotismo.

Não o falso patriotismo de muita gente, a que Bilac deu o nome preciso de "megalomania patriótica", perigosa exacerbação do orgulho nacional, de onde derivam o nativismo ilógico, o estreito espírito de bairrismo, a irracional má vontade preconcebida contra os filhos de outras Pátrias, a criação de monstruosas fronteiras morais entre os povos".

Ser patriota não é considerar rico e belo o País em que se habita, como se isto bastasse para a sua grandeza.

População, trabalho, instrução, educação, liberdade, riqueza, ordem, progresso, civilização e fraternidade, - acaso não devem ser considerados para se apurar os justos valores de uma Nação.

Porque, o que é Pátria, e quais são os seus verdadeiros servidores, os que a amam com o verdadeiro patriotismo?

Responde-nos a "Águia de Haya", inflamado na pira santa do mais ardente amor pátrio: "A Pátria é o céu, o solo, o povo, a tradição, a consciência, o lar, o berço dos filhos e o túmulo dos antepassados, a comunhão da lei, da língua e da liberdade.

Os que a servem são os que não conspiram os que não sublevam os que não desalentam os que não emudecem os que não se acobardam, mas resistem, mas ensinam, mas se esforçam, mas instruí, mas pacificam, mas discutem, mas praticam a justiça, a admiração, o entusiasmo".

Ouçamos agora "o poeta das estrelas", que assim descreve o que falta em nosso Brasil: "As nossas apregoadas riquezas jazem escondidas quase todas, no seio avaro da terra; existem, mas é como se não existissem, porque ninguém as vai arrancar dos veios recônditos em que dorme. É verdade que se animar o litoral do Brasil, e vibra e rebrilha, e tumultua, à luz e à agitação da civilização e do trabalho. Mas quase toda a extensão do interior é ainda um deserto e um mistério: selvas de virgindade bruta, sertões de secular braveza, rios imensos cujas águas rolam, familiares somente às feras, e ignorados da navegação; montes, planuras, desvãos, clareiras, matagais, de uberdade espantosa, mas tão despovoados, tão tristes, tão mortais como as solidões sinistras do Thibet ou dos pólos; - todo um mundo a desembrutecer, a animar, a cultivar, a aproveitar, - todo um mundo que espera a ousadia de novos bandeirantes. Mas, ainda fora dessas zonas agrestes e inexploradas, vede a pobreza dos outros sertões já um pouco povoados, mas ainda entregues à rude miséria; uma pobre lavoura que as secas dessorem periodicamente; rebanhos mofinos que a sede e a míngua dos pastos dizimam; cidade outorga florescentes, que se amortalham no olvido e no silêncio; a falta das indústrias, pela falta dos capitais; e o pouco trabalho, que ainda, há tornado improdutivo pela escassez das comunicações, e pelo atraso dos processos de exploração..."

E que diríamos do panorama da instrução no Brasil? – Uma só palavra, esta dolorosa: é o País onde há mais analfabetos! . . .

Patriota não deve negar o seu apoio intelectual e moral. Porém, muito há que fazer ainda...

Sobretudo, no conhecimento de nossa língua, é lastimável o estado de nossa Pátria! Não que nos faltem os artistas da palavra falada e escrita, os literatos de estirpe, os verdadeiros cultores da língua, os que a usam com mestria! Isto não!

Mas de que servem escritores sem leitores, sem apreciadores?

Que vale literatura sem público?

Tal é a situação de nosso País. As livrarias estão cheias de bons livros, de tesouros valiosos do saber humano, de obras monumentais sobre o nosso idioma, mas, quantos são os seus ledores? – Uma reduzidíssima fração, quase nula, diante de milhões de brasileiros que não sabem falar ou escrever; e, se falam, não falam, - batem com a boca; e, se escrevem, não escrevem – rabiscam!

E, se insisto na questão do primoroso cultivo de nossa língua é porque ela é que propriamente constitui a nacionalidade.

Daí, o haver afirmado eminente educador: "A Pátria não é só a raça, o meio, não é o conjunto dos aparelhos econômicos e políticos: é, sobretudo, o idioma criado ou herdado pelo povo".

"Um povo só começa aprender a sua independência, a sua dignidade, a sua existência autônoma, quando começa a perder o amor do idioma natal".

"A morte de uma Nação começa sempre pelo apodrecimento de sua língua. Ainda hoje notareis que, para manter e consolidar a conquista de Países subjugados, a primeira coisa que procuram fazer as nações fortes é impedir nas escolas desses países o estudo da língua materna".

Pois bem, o verdadeiro patriotismo impor-vos-á o dever de defenderdes a instrução, e muito especialmente o aperfeiçoamento do mais lindo idioma, do belíssimo idioma do Lácio.

O verdadeiro patriotismo impor-vos-á o dever de combaterdes como titãs, numa luta de gigantes, pela imprensa, pela tribuna, pela conduta, com a paz ou mesmo com a violência, se preciso for, as ideologias contrárias ao regime.

E, de todas as ideologias, a mais perigosa, a mais subversiva, a mais inimiga da moral, da ordem, do progresso, da paz e de Deus.

"O comunismo" – escreveu o verbo apostolar e profético de Ruy Barbosa. "não é a fraternidade: é a inversão do ódio entre as classes;

Não é a reconciliação dos homens: é a sua exterminação mútua;

Não conhece a liberdade cristã: Dissolveria a sociedade. ;

Extinguiria a religião: Desumanaria a humanidade;

"E verteria, subverteria, inverteria a obra do Criador".

CAPITULO 8

Preparo Intelectual

O templo de nossa vida, moralmente, na ampulheta dos tempos e na eternidade, por ser construído sobre a areia movediça, ruirá por terra, com o estrondo das derrocadas, a golpes dos camartelos-(instrumento semelhante ao martelo) profundos avassaladores e fortes!...

Se quisermos ter uma vida vitoriosa, no tempo e na eternidade, consagrai-nos aos nossos superiores; e nesta consagração sincera encontraremos a fonte, a inspiração e o auxilio para realizarmos os mais nobres ideais que podemos formular para as nossas vidas!

O grande teólogo Santo Agostinho (354 d.C.) dizia: "Senhor, deixa que o resplendor da tua luz ilumine os recônditos do meu coração"!

Dizem que Savanarola (padre dominicano 1452), não tinha dons de oratória, mas era um homem que comovia os seus ouvintes, porque vivia cônscio de que "Jeová era a fortaleza de sua vida". Relata-se que os próprios representantes da imprensa que iam ouvi-lo, eram obrigados a descansar a pena e enxugar as lágrimas que lhes vinham aos olhos.

Como podemos explicar a vida de um homem assim, de S. Paulo, Müller, Spurgeon, Knox, Lutero, Bunyan, Bile Sunday e tantos outros, "homens de quem o mundo não era digno"?!

O preparo intelectual que tiveram não explica o segredo de suas vidas, porquanto milhares têm obtido tal preparo.

Habilidades e dons naturais não foram à causa; muitos há que possuem capacidades equivalentes às de tais homens...

Será que ele possui também o primeiro lugar nas nossas vidas?

Nossa maior arma para entrar na luta da vida como a principal, a mais poderosa de todas; "o saber" e finalmente "o patriotismo".

Devemos guardar no escrínio das coisas preciosas, e observarmos em toda a nossa vida... Para o nosso próprio bem-estar e felicidade.

Momento, de espargir sobre as nossas frontes aureoladas de rutilantes inteligências e de generoso acolhimento a esse humilde trabalho, permite traduzir na linguagem do perfume que trescalam e na viveza de suas cores, o sentimento de minha profunda gratidão, para que a vida seja-nos um rosário de bênçãos a suspender-nos cada vez mais para os mais altos píncaros da glória; para que os caminhos que estamos a palmilhar sejam todos marchetados de esplendores e coroados de brilhantes vitórias!

CAPITULO 9

Enigma

Vamos retornar ao conceito de que "não somos especiais" à luz da benção. Retornar significados é sempre uma importante forma de revisarmos compreensões na busca por possíveis "vírus" ou armadilhas subliminares que possam estar enrustidas em nosso sistema.

Quando dizemos que "não somos especiais", este é um segredo do segredo. Já observamos que qualquer inculto percebe que, comparados com o universo, com suas dimensões e multiplicidades, somos próximos a nada. Saber-se não especial não contem nenhum segredo, é obvio. É por isso que as filosofias, práticas ou crenças que afirmam o quão especial é o indivíduo atraem tanto interesse.

Não se trata apenas da pretensão de ser importante. As pessoas também querem conhecer para além do obvio.

Elas buscam medidas de "oculto" em suas vidas porque percebem que a claridade da racionalidade, do obvio, não abarca toda a realidade. A busca é legítima, mas se deve estar atento às armadilhas desta empreitada.

A emboscada mais comum acontece quando descobrimos o segredo de que somos especiais. As bênçãos das quais falamos, quando aparecem em nossas vidas, tem como efeito colateral produzir uma sensação de "escolha" e de "privilégio" que suscita cuidados. Ser o "escolhido" pode ser a maneira mais grave de se perder contato com as bênçãos.

Realmente há algo de caricato em ser o "melhor".

Há algo de grotesco neste superlativo indivisível o qual sintoma se manifesta em inchaço e vaidade. No entanto, é revelado o segredo. Todo organismo cuja função é administrar seu funcionamento e sua vida não tem como evitar o seu maior comando interno que é preservar e se privilegiar a todo custo. O efeito contínuo desta tarefa gera nesse organismo uma consciência desta importância. Em si ela não é ilusória, é percebida e vivida por toda uma vida como algo inquestionável. De certa forma é até perigoso e contraproducente para um indivíduo não se perceber desta maneira.

Essas vontades que abrem e bloqueiam caminhos são as que precisamos ver. Dessa visão depende a capacidade de nos colocarmos junto à água e germinar. Quem não se acha o melhor vê caminhos abertos e caminhos bloqueados e atribui isso ao acaso.

Quem se acha o melhor enxerga os desejos presentes na vida, mas acha que são os seus. Ofuscado pelo querer, os toma como pessoal e não vê os anjos que representam as bênçãos e as maldições, o que se abre e o que se fecha aos potenciais. Já quem sabe ser especial e o mais comum têm visão para enxergar os anjos que incentivam e os anjos que desembainham espadas (Escritor Nilton Bonder-2007).

CAPITULO 10
Verdadeira Navegação

O que diz a seguir neste compêndio psicografado pelos celebres médium espiritual Francisco Candido Xavier e Waldo Vieira, editado pelo espírito André Luiz, Coleção do décimo livro, A Vida no Mundo Espiritual, lançado no ano de 1959.

Ajustadas a supremo conforto, no oceano das facilidades materiais, não se forram as criaturas humanas contra os pesares da solidão e da angústia.

Nesse navio prodigioso a que chamamos civilização, estruturado em largueza de conhecimento e primor de técnica, instalam se os homens, demandando o porto que já alcançamos pelo impulso da morte.

Contudo, isso não impede regressemos ao bojo da nave imponente para alertar o ânimo dos viajores nossos irmãos, com passaporte imprescritível para o mesmo país da Verdadeira Razão que os espera amanhã, quanto ontem nos aguardava.

E voltamos porque a suntuosidade da embarcação não está livre do nevoeiro da ignorância (sabedoria é o caminho) a lhe facilitar a incursão entre os rochedos do crime, nem segura contra a violência das tempestades que lhe convulsionam a organização e ameaçam a estrutura.

Realmente, dentro dela, atingimos luminosa culminância no setor da cultura, em tudo o que tange à proteção da vida física.

Sabemos equilibrar a circulação do sangue para garantir a segurança do ciclo cardíaco, mas ignoramos como libertar o coração do cárcere de sombras em que jaz muitas vezes mergulhado na poça das lágrimas, quando não seja algemado aos monstros da delinquência.

Identificamos a neurite óptica com eliminação progressiva dos campos visuais, e medica mola com a vantagem possível, na preservação dos olhos;, entretanto, desconhecemos como arrancar a visão às trevas do espírito.

Ofertamos braços e pernas artificiais aos mutilados; contudo, somos francamente incapazes de remediar as lesões do sentimento.

Interferimos com vasta margem de êxito nos processos patológicos das células nervosas, auscultando as deficiências de vitaminas e enzimas, que ocasionam a diminuição da taxa metabólica do cérebro; todavia, estamos inabilitados a qualquer anulação das síndromes espirituais de aflição e desespero que agravam a psicastenia e a loucura.

Acha monos convictos de que a hidrocefalia congênita provém da acumulação indébita do liquido céfalorraqueano, impondo dilatação no espaço por ele mesmo ocupado na província intracraniana;, no entanto, não percebemos a causa fundamental que a provoca.

Ainda assim, não voltamos para confabular com aqueles que se sintam acomodados ao desequilíbrio.

Retornamos à convivência dos que contemplam o horizonte entre a inquietação e a fadiga perguntando, em pranto, sobre o fim da viagem.

De espírito voltado para eles, os torturados do coração e da inteligência, aspiramos a escrever um livro simples sobre a evolução da alma nos dois planos, interligados no berço e no túmulo, nos quais se nos entretece a senda para Deus... Notas em que o despretensioso médico desencarnado que somos — tomando para alicerce de suas observações o material básico já conquistado pela própria ciência terrestre, material por vezes colhido em obras de respeitáveis estudiosos —, pudesse algo dizer do corpo espiritual, em cujas células sutis a nossa própria vontade situa as causas de nosso destino sobre a Terra.

Páginas em que conseguíssemos aliar o conceito rígido da Ciência, compreensivelmente armada contra todas as afirmações que não possa esposar pela experimentação fria, e a mensagem consoladora do Evangelho de Jesus Cristo de que o Espiritismo contemporâneo se faz o mais alto representante na atualidade do mundo... Um pequeno conjunto de definições sintéticas sobre nossa própria alma imortal, à face do Universo...

Todavia, para tal empreendimento, carecíamos de instrumentação mais ampla, motivo pelo qual nos utilizamos de dois médiuns diferentes[1], em lugares distintos, dois corações amigos que se prontificaram a receber nos os textos humildes, dos quais se compõe a nossa apagada oferta.

Foi assim, meu amigo, que este livro nasceu por missiva de irmão aos irmãos que lutam e choram.

Se não sentes o frio da noite sobre o revolto mar das provações humanas, entorpecido na ilusão que te faz escarnecer da própria verdade, nossa lembrança em tuas mãos traz errado endereço.

Mas se guardas contigo o estigma do sofrimento, indagando pela solução dos velhos problemas do ser e da dor, se percebes a nuvem que prenuncia a tormenta e o vórtice traiçoeiro das ondas em que navegas, vem conosco!... Estudemos a rota de nossa multimilionária romagem no tempo para sentirmos o calor da flama de nosso próprio espírito a palpitar imorredouro na Eternidade e, acendendo o lume da esperança, perceberemos, juntos, em exaltação de alegria, que Deus, o Pai de Infinita Bondade, nos traçou a divina destinação para além das estrelas.

ANDRÉ LUIZ
Uberaba, 25/07/1958

1 – A Convite do Espírito André Luiz, os médiuns Francisco Cândido Xavier e Waldo Vieira receberam os textos deste livro em noites de domingos e quartas-feiras, respectivamente nas cidades de Pedro Leopoldo e Uberaba, Estado de Minas Gerais. As páginas psicografadas por um e outro podem ser identificadas pela data característica de cada texto (Nota dos médiuns)

CAPITULO 11

CO-CRIAÇÃO EM PLANO MAIOR

Nessa substância original, ao influxo do próprio Senhor Supremo, operam as Inteligências Divinas a Ele agregadas, em processo de comunhão indescritível, os grandes Devas da teologia hindu ou os Arcanjos da interpretação de variados templos religiosos, extraindo desse hálito espiritual os celeiros da energia com que constroem os sistemas da Imensidade, em serviço de Criação em plano maior, de conformidade com os desígnios do Todo Misericordioso, que faz deles agentes orientadores da Criação Excelsa.

Essas Inteligências Gloriosas tomam o plasma divino e convertem no em habitações cósmicas, de múltiplas expressões, radiantes ou obscuras, gaseificadas ou sólidas, obedecendo a leis predeterminadas, quais moradias que perduram por milênios e milênios, mas que se desgastam e se transformam, por fim, de vez que o Espírito Criado pode formar ou criar, mas só Deus é o Criador de Toda a Eternidade.

IMPÉRIOS ESTELARES

Devidas à atuação desses Arquitetos Maiores, surgem nas galáxias às organizações estelares como vastos continentes do Universo em evolução e as nebulosas intragaláticas como imensos domínios do Universo, encerrando a evolução em estado potencial, todas gravitando ao redor de pontos atrativos, com admirável uniformidade coordenadora.

É aí, no seio dessas formações assombrosas, que se estruturam, inter- relacionados, a matéria, o espaço e o tempo, a se renovarem constantes, oferecendo campos gigantescos ao progresso do Espírito.

Cada galáxia quanto cada constelação guarda no cerne a força centrífuga própria, controlando a força gravítica, com determinado teor energético, apropriado a certos fins.

A Engenharia Celeste equilibra rotação e massa, harmonizando energia e movimento, e mantém se, desse modo, na vastidão sideral, magnificentes florestas de estrelas, cada qual transportando consigo os planetas constituídos e em formação, que se lhes vinculam magneticamente ao fulcro central, como os elétrons se conjugam ao núcleo atômico, em trajetos perfeitamente ordenados na órbita que se lhes assinala de início.

NOSSA GALÁXIA

Para idearmos, de algum modo, a grandeza inconcebível da Criação, comparemos a nossa galáxia a grande cidade, perdida entre incontáveis grandes cidades de um país cuja extensão não conseguimos prever.

Tomando o Sol e os mundos nossos vizinhos como apartamentos de nosso edifício, reconheceremos que em derredor repontam outros edifícios em todas as direções.

Assestando instrumentos de longo alcance da nossa sala de estudo, perceberemos que nossa casa não é a mais humilde, mas que inúmeras outras lhe superam as expressões de magnitude e beleza.

Aprendemos que, além de nossa edificação, salientam se palácios e arranha céus como Betelgeuze, no distrito de Orion, Canôpus, na região do Navio, Arctúrus, no conjunto do Boieiro, Antares, no centro do Escorpião, e outras muitas residências senhoriais, imponentes e belas, exibindo uma glória perante a qual todos os nossos valores se apagariam.

Por processos ópticos, verificamos que a nossa cidade apresenta uma forma espiralada e que a onda de rádio, avançando com a velocidade da luz, gasta mil séculos terrenos para percorrer lhe o diâmetro. Nela surpreenderemos milhões de lares, nas mais diversas dimensões e feitios, instituídos de há muito, recém-organizados, envelhecidos ou em vias de instalação, nos quais a vida e a experiência enxameiam vitoriosas.

FORÇAS ATÔMICAS

Toda essa riqueza de plasmagem, nas linhas da Criação, ergue se à base de corpúsculos sob irradiações da mente, corpúsculos e irradiações que, no estado atual dos nossos conhecimentos, embora estejamos fora do plano físico, não podemos definir em sua multiplicidade e configuração,

Porquanto a morte apenas dilata as nossas concepções e nos aclara a introspecção, iluminando nos o senso moral, sem resolver, de maneira absoluta, os problemas que o Universo nos propõe a cada passo, com os seus espetáculos de grandeza.

Sob a orientação das Inteligências Superiores, congregam se os átomos em colméias imensas, e, sob a pressão, espiritualmente dirigida, de ondas eletromagnéticas, são controladamente reduzidas às áreas espaciais intra-atômicos, sem perda de movimento, para que se transformem na massa nuclear adensada, de que se esculpem os planetas, em quais seio as mônadas celestes encontrarão adequado berço ao desenvolvimento.

Semelhantes mundos servem à finalidade a que se destinam, por longas eras consagrados à evolução do Espírito, até que, pela sobre pressão sistemática, sofram o colapso atômico pelo qual se transmutam em astros cadaverizados. Essas esferas mortas, contudo, volvem a novas diretrizes dos Agentes Divinos, que dispõem sobre a desintegração dos materiais de superfície, dando ensejo a que os elementos comprimidos se libertem através de explosão ordenada, surgindo novo acervo corpuscular para a reconstrução das moradias celestes, nas quais a obra de Deus se estende e perpetua, em sua glória criativa.

LUZ E CALOR

Os mundos ou campos de desenvolvimento da alma, com as suas diversas faixas de matéria em variada expressão vibratória, ao influxo ainda dos Tutores Espirituais, são acalentados por irradiações luminosas e caloríficas, sem nos referirmos às forças de outra espécie que são arrojadas do Espaço Cósmico sobre a Terra e o homem, garantindo lhes a estabilidade e a existência.

Temos, assim, a luz e o calor, que teoricamente classificamos entre as irradiações nascidas dos átomos supridos de energia. São estes que, excitados na íntima estrutura, despedem as ondas eletromagnéticas.

Todavia, não obstante tatearmos com relativa segurança as realidades da matéria, definindo a natureza corpuscular do calor e da luz, e embora saibamos que outras oscilações eletromagnéticas se associam insuspeitadas por nós, na vastidão universal, aquém do infravermelho e além do ultravioleta, completamente fora da zona de nossas percepções, confessamos com humildade que não sabemos ainda, principalmente no que se refere à elaboração da luz, qual seja a força que provoca a agitação inteligente dos átomos, compelindo os a produzir irradiações capazes de lançar ondas no Universo com a velocidade de 300.000 quilômetros por segundo, preferindo reconhecer, em toda a parte, com a obrigação de estudarmos e progredirmos sempre, o hálito divino do Criador.

CO-CRIAÇÃO EM PLANO MENOR

Em análogo alicerce, as Inteligências humanas que ombreiam conosco utilizam o mesmo fluido cósmico, em permanente circulação no Universo, para a Criação em plano menor, assimilando os corpúsculos da matéria com a energia espiritual que lhes é própria, formando assim o veículo fisiopsicossomático em que se exprimem ou cunhando as civilizações que abrangem no mundo a Humanidade Encarnada e a Humanidade Desencarnada. Dentro das mesmas bases, plasmam também os lugares entenebrecidos pela purgação infernal, gerados pelas mentes desequilibradas ou criminosas nos círculos inferiores e abismais, e que valem por aglutinações de duração breve, no microcosmo em que estagiam, sob o mesmo princípio de comando mental com que as Inteligências Maiores modelam as edificações macrocósmicas, que desafiam a passagem dos milênios.

Cabe nos assinalar, desse modo, que, na essência, toda a matéria é energia tornada visível e que toda a energia, originariamente, é força divina de que nos apropriamos para interpor os nossos propósitos aos propósitos da Criação, cujas leis nos conservam e prestigiam o bem praticado, constrangendo nos a transformar o mal de nossa autoria no bem que devemos realizar, porque o Bem de Todos é o seu Eterno Princípio.

Compete nos, pois, anotar que o fluido cósmico ou plasma divino é a força em que todos vivemos, nos ângulos variados da Natureza, motivo pelo qual já se afirmou, e com toda a razão, que "em Deus nos movemos e existimos".[2]

Uberaba, 15/011958.

2 - Paulo de Tarso, em Atos dos Apóstolos, 17:28 (Nota do Autor Espiritual)

CAPÍTULO 12

PRIMÓRDIOS DA VIDA

Procurando fixar ideias seguras acerca do corpo espiritual, será preciso remontarmos, de algum modo, aos primórdios da vida na Terra, quando mal cessavam as convulsões telúricas, pelas quais os Ministros Angélicos da Sabedoria Divina, com a supervisão do Cristo de Deus, lançaram os fundamentos da vida no corpo ciclópico do Planeta.

A matéria elementar, de que o eletrão é um dos corpúsculos-base[3], na faixa de experiência evolutiva sob nossa análise, acumulada sobre si mesma, ao sopro criador da Eterna Inteligência, dera nascimento à província terrestre, no Estado Solar a que pertencemos dos quais fenômenos de formação original não conseguimos por agora abordar em sua mais íntima estrutura.

A imensa fornalha atômica estava habilitada a receber as sementes da vida e, sob o impulso dos Gênios Construtores, que operavam no orbe nascituro, vemos o seio da Terra recoberto de mares mornos, invadido por gigantesca massa viscosa a espraiar se no colo da paisagem primitiva.

Dessa geleia cósmica, verte o princípio inteligente, em suas primeiras manifestações...

---

3 Na Esfera Espiritual, em que estagiamos, o eletrão é também partícula atômica dissociável. (Nota do Autor espiritual)

Trabalhadas, no transcurso de milênios, pelos operários espirituais que lhes magnetizam os valores, permutando os entre si, sob a ação do calor interno e do frio exterior, as mônadas celestes exprimem se no mundo através da rede filamentosa do protoplasma de que se lhes derivaria a existência organizada no Globo constituído. Séculos de atividade silenciosa perpassam, sucessivos...

NASCIMENTO DO REINO VEGETAL

Aparecem os vírus e, com eles, surge o campo primacial da existência, formado por nucleoproteínas e globulinas, oferecendo clima adequado aos princípios inteligentes ou mônadas fundamentais, que se destacam da substância viva, por centros microscópicos de força positiva, estimulando a divisão cariocinética.

Evidenciam se, desde então, as bactérias rudimentares, cujas espécies se perderam nos alicerces profundos da evolução, lavrando os minerais na construção do solo, dividindo se por raças e grupos numerosos, plasmando, pela reprodução assexuada, as células primevas, que se responsabilizariam pelas eclosões do reino vegetal em seu início.

Milênios e milênios chegam e passam...

FORMAÇÃO DAS ALGAS

Sustentado pelos recursos da vida que na bactéria e na célula se constituem do líquido protoplásmico, o princípio inteligente nutre se agora na clorofila, que revela um átomo de magnésio em cada molécula, precedendo a constituição do sangue de que se alimentará no reino animal.

O tempo age sem pressa, em vagarosa movimentação no berço da Humanidade, e aparecem as algas nadadoras, quase invisíveis, com as suas caudas flexuosas, circulando no corpo das águas, vestidas em membranas celulósicas, e mantendo se à custa de resíduos minerais, dotadas de extrema motilidade e sensibilidade, como formas monocelulares em que a mônada já evoluída se ergue a estágio superior.

Todavia, são plantas ainda e que até hoje persistem na Terra, como filtros de evolução primária dos princípios inteligentes em constante expansão, mas plantas superenvolvidas nos domínios da sensação e do instinto embrionário, guardando o magnésio da clorofila como atestado da espécie.

Sucedendo as, por ordem, imergem as algas verdes de feição pluricelular, com novo núcleo a salientar se, inaugurando a reprodução sexuada e estabelecendo vigorosos embates nos quais a morte comparece, na esfera de luta, provocando metamorfoses contínuas, que perdurarão, no decurso das eras, em dinamismo profundo, mantendo a edificação das formas do porvir.

DOS ARTRÓPODOS AOS DROMATÉRIOS E ANFITÉRIOS

Mais tarde, assinalamos o ingresso da mônada, a que nos referimos, nos domínios dos artrópodes, de exosqueleto quitinoso, cujo sangue diferenciado acusa um átomo de cobre em sua estrutura molecular, para, em seguida, surpreendeu, guindada à condição de crisálida da consciência, no reino dos animais superiores, em qual sangue — condensação das forças que alimentam o veículo da inteligência no império da alma — detém a hemoglobina por pigmento básico, demonstrando o parentesco inalienável das individuações do espírito, nas mutações da forma que atende ao progresso incessante da Criação Divina.

Das cristalizações atômicas e dos minerais, dos vírus e do protoplasma, das bactérias e das amebas, das algas e dos vegetais do período pré-câmbrico aos fetos e às licopodiáceas, aos trilobites e cistídeos, aos cefalópodes, foraminíferos e radiolários dos terrenos silurianos, o princípio espiritual atingiu os espongiários e celenterados da era paleozóica, esboçando a estrutura esquelética.

Avançando pelos equinodermos e crustáceos, entre os quais ensaiou, durante milênios, o sistema vascular e o sistema nervoso, caminhou na direção dosganóides e teleósteos, arquegossauros e labirintodontes para culminar nos grandes lacertinos e nas aves estranhas, descendentes dos pterossáurios, no jurássico superior, chegando à época supracretácea para entrar na classe dos primeiros mamíferos, procedentes dos répteis teromorfos.

Viajando sempre, adquire entre os dromatérios e anfitérios os rudimentos das reações psicológicas superiores, incorporando as conquistas do instinto e da inteligência.

FAIXAS INAUGURAIS DA RAZÃO

Estagiando nos marsupiais e cetáceos do eoceno médio, nos rinocerotídeos, cervídeos, antilopídeos, equídeos, canídeos, proboscídeos e antropóides inferiores do mioceno e exteriorizando se nos mamíferos mais nobres do plioceno, incorpora aquisições de importância entre os megatérios e mamutes, precursores da fauna atual da Terra, e, alcançando os pitecantropóides da era quaternária, que antecederam as embrionárias civilizações paleolíticas, a mônada vertida do Plano Espiritual sobre o Plano Físico[4] atravessou os mais rudes crivos da adaptação e seleção, assimilando os valores múltiplos da organização, da reprodução, da memória, do instinto, da sensibilidade, da percepção e da preservação própria, penetrando, assim, pelas vias da inteligência mais completa e laboriosamente adquirida, nas faixas inaugurais da razão.

ELOS DESCONHECIDOS DA EVOLUÇÃO

Compreendendo se, porém, que o princípio divino aportou na Terra, emanando da Esfera Espiritual, trazendo em seu mecanismo o arquétipo a que se destina, qual a bolota de carvalho encerrando em si a árvore veneranda que será de futuro, não podemos circunscrever lhe a experiência ao plano físico simplesmente considerado, porquanto, através do nascimento e morte da forma, sofre constantes modificações nos dois planos em que se manifesta,razão pela qual variados elos da evolução fogem à pesquisa dos naturalistas, por representarem estágios da consciência fragmentária fora do campo carnal propriamente dito, nas regiões extrafísicas, em que essa mesma consciência incompleta prossegue elaborando o seu veículo sutil, então classificado como protoforma humana, correspondente ao grau evolutivo em que se encontra.

EVOLUÇÃO NO TEMPO

É assim que dos organismos monocelulares aos organismos complexos, em que a inteligência disciplina as células, colocando as a seu serviço, o ser viaja no rumo da elevada destinação que lhe foi traçada do Plano Superior, tecendo com os fios da experiência a túnica da própria exteriorização, segundo o molde mental que traz consigo, dentro das leis de ação, reação e renovação em que mecaniza as próprias aquisições, desde o estímulo nervoso à defensiva imunológica, construindo o centro coronário, no próprio cérebro, através da reflexão automática de sensações e impressões, em milhões e milhões de anos, pelo qual, com o Auxílio das Potências Sublimes que lhe orientam a marcha, configura os demais centros energéticos do mundo íntimo, fixando os na tessitura da própria alma.

Contudo, para alcançar a idade da razão, com o título de homem, dotado de raciocínio e discernimento, o ser, automatizado em seus impulsos, na romagem para o reino angélico, despendeu para chegar aos primórdios da época quaternária, em que a civilização elementar do sílex denuncia algum primor de técnica, nada menos de um bilhão e meio de anos. Isso é perfeitamente verificável na desintegração natural de certos elementos radioativos na massa geológica do Globo. E entendendo- se que a Civilização aludida floresceu há mais ou menos duzentos mil anos, preparando o homem, com a bênção do Cristo, para a responsabilidade, somos induzidos a reconhecer o caráter recente dos conhecimentos psicológicos, destinados a automatizar na constituição fisiopsicossomática do espírito humano as aquisições morais que lhe habilitarão a consciência terrestre a mais amplo degrau de ascensão à Consciência Cósmica.[5]

---

5 As presentes estimativas e apontamentos do Plano Espiritual, apesar das compreensíveis divergências humanas, coincidem exatamente com observações e ilações de vários estudiosos encarnados. (Nota do Autor Espiritual)

CAPÍTULO 13

AS ALGAS VERDES

Os biologistas dos últimos tempos costumam perguntar sem resposta se as algas verdes, proprietárias de estrutura particular, descendem das primitivas cianofíceas, de tessitura mais simples, nas quais a ficocianina, associada à clorofila, é o pigmento azulado de sua composição fundamental. O hiato existente, de que dá conta Hugo De Vries, ao desenvolver o mutacionismo, foi preenchido pelas atividades dos Servidores da Organogênese Terrestre, que submeteram a família do leptótrix a profundas alterações nos campos do espírito, transmutando lhe os indivíduos mais completos, que reapareceram metamorfoseados nas algas referidas, a invadirem luxuriantemente as águas, instalando novo ciclo de progresso e renovação...

CONCENTRAÇÕES FLUÍDICO-MAGNÉTICAS

Ao toque dos Operários Divinos, a matéria elementar fora no princípio transubstanciada em massa astronômica de eletrões (elétrons) e protões (prótons), que teceram o largo berço da vida humana em plena Vida Cósmica. E ainda sob a inteligência deles, com a supervisão do Cristo de Deus, semelhantes recursos baseiam a formação dos átomos em elementos, combinam se os elementos em conjuntos químicos, abrem os conjuntos químicos lugar aos colóides, mesclam se os colóides em misturas substanciais, oferecendo ao princípio inteligente, oriundo da amplidão celeste, o ninho propício ao desenvolvimento.

Eras imensas transcorreram; e esse princípio inteligente, destinado a crescer para a glória da vida, em dois planos distintos de experiência, quando se mostra ativado em constituição mais complexa, recebe desses mesmos Arquitetos da Sabedoria Divina os dons da reprodução mais complexa nos cromossomas, ou concentrações fluídico magnéticas especiais, a se retratarem, através do tempo, pela reflexão constante, no campo celular, concentrações essas que, por falta de terminologia adequada no dicionário humano, baratearemos, quanto possível, comparando as aos moldes fabricados para o serviço de fundição na oficina tipográfica.

Os cromossomas, estruturados em grânulos infinitesimais de natureza fisiopsicossomática, partilham do corpo físico pelo núcleo da célula em que se mantêm e do corpo espiritual pelo citoplasma em que se implantam.

E como acontece aos moldes tipográficos, que são formados de linhas para que se lhes expresse o sentido, também eles são constituídos pelos elementos chamados genes, o que lhes dá, tanto quanto ocorre ao alfabeto humano, à característica de imortalidade nas células que se renovam transmitindo as sucessoras as suas particulares disposições, nas mesmas circunstâncias em que, num texto tipográfico, as letras e os moldes podem viver, indefinidamente, no material destrutível e renovável, por intermédio do qual se conservam e se exprimem na memória das gerações.

Com o tempo, diferenciam se os cromossomas nas províncias da evolução, segundo as espécies, como variam as criações do pensamento impresso, de acordo com os moldes tipográficos nas esferas da cultura.

Os elementos germinativos são minuciosamente analisados e testados nas plantas, até que sofram transformações, essenciais na química das algas verdes, de cuja compleição caminham no rumo de mais amplos desdobramentos.

FILTROS DE TRANSFORMISMO

O princípio inteligente é experimentado de modos múltiplos no laboratório da Natureza, constituindo-se-lhe, pouco a pouco, a organização físico espiritual, e traçando-se-lhe entre a Terra e o Céu a destinação finalista.

Com o amparo dos Trabalhadores Divinos fixa em si mesmo os selos vivos da reprodutividade, que se definem e aperfeiçoam no regaço dos milênios, deixando na retaguarda, como filtros de transformismo, não somente os reinos mineral e vegetal, institutos de recepção e expansão da onda criadora da vida, em seu fluxo incessante, como também certas classes de organismos outros que passariam a coexistir com os elementos em ascensão, qual acontece ainda hoje, quando observamos ao lado da inteligência humana, relativamente aprimorada, plantas e vermes que já existiam no pré-câmbrico inferior.

Os tecidos germinais sofrem, por milhares de anos, provas continuadas para que se lhes possa aferir o valor e se lhes apure o adestramento.

Formas monstruosas aparecem e desaparecem, desde os anelídeos aos animais de grande porte, por séculos e séculos, até que as espécies conseguissem acomodação nos próprios tipos.

Entre as que chegam à luz e as que se fundem nas sombras, traçam se parentescos profundos.

Os cromossomas permanecem morredouros, através dos centros genésicos de todos os seres, encarnados e desencarnados, plasmando alicerces preciosos aos estudos filogenéticos do futuro.

DESCENDÊNCIA E SELEÇÃO

É justo lembrar, no entanto, que os trabalhos gradativos da descendência e da seleção, que encontrariam em Lamarck e Darwin expositores dos mais valiosos, operavam se em dois planos.

As crisálidas de consciência dos reinos inferiores, mergulhadas em campo vibratório diferente pelo fenômeno da morte, justapunham se às células renascentes que continuavam a ser vilas, colhendo elementos de transmutação para a volta à esfera física, pela reencarnação compulsória, sob a orientação das Inteligências Sublimes que nos sustentam a romagem, circunstância que nos compele a considerar que o transformismo das espécies, como também a constituição de espécies novas, em se ajustando a funções fisiológicas, expansão e herança, baseiam se no mecanismo e na química do núcleo e do citoplasma, em que as energias fisiopsicossomáticas se reúnem.

GENEALOGIA DO ESPÍRITO

Os naturalistas situados no chão do mundo, desde os sacerdotes egípcios, que estudavam a origem da vida planetária em conchas fósseis, até os mais eminentes biólogos modernos, atreitos à unilateralidade de observação,

Compreensivelmente não conseguirão suprir as lacunas existentes no quadro da evolução, não obstante Cuvier, com a Anatomia Comparada, tenha traçado forma básica à sistemática da Paleontologia.

Em verdade, porém, para não cairmos nas re-capitulações incessantes, em torno de apreciações e conclusões que a ciência do mundo tem repetido à saciedade, acrescentaremos simplesmente que as leis da reprodução animal, orientadas pelos Instrutores Divinos, desde o casulo ferruginoso do leptótrix, através da retração e expansão da energia nas ocorrências do nascimento e morte da forma, recapitulam ainda hoje, na organização de qualquer veículo humano, na fase embriogênica, a evolução filogenética de todo o reino animal, demonstrando que além da ciência que estuda a gênese das formas, há também uma genealogia do espírito. Com a Supervisão

Celeste, o princípio inteligente gastou, desde os vírus e as bactérias das primeiras horas do protoplasma na Terra, mais ou menos quinze milhões de séculos, a fim de que pudesse, como ser pensante, embora em fase embrionária da razão, lançar as suas primeiras emissões de pensamento contínuo para os Espaços Cósmicos.

Pedro Leopoldo, 02/02/1958

CAPÍTULO 14

LINGUAGEM ANIMAL

Aperfeiçoando as engrenagens do cérebro, o princípio inteligente sentiu a necessidade de comunicação com os semelhantes e, para isso, a linguagem surgiu entre os animais, sob o patrocínio dos Gênios Veneráveis que nos presidem a existência.

De início, o fonema e a mímica foram os processos indispensáveis ao intercâmbio de impressões ou para o serviço de defesa, como, por exemplo, o silvo de vários répteis, o coaxar dos batráquios, as manifestações sonoras das aves e o mimetismo de alguns insetos e vertebrados, a se modificarem subitamente de cor, preservando se contra o perigo.

Contudo, à medida que se lhe acentuava a evolução, a consciência fragmentária investia se na posse de mais amplos recursos.

O lobo grita pelos companheiros na sombra noturna, o gato encolerizado mostra fúria característica, miando raivosamente, o cavalo relincha de maneira particular, expressando alegria ou contrariedade, a galinha emite interjeições adequadas para anunciar a postura, acomodar a prole, alimentar os pintainhos ou rogar socorro quando assustada, e o cão é quase humano, em seus gestos de contentamento e em seus ganidos de dor.

INTERVENÇÕES ESPIRITUAIS

É assim que, atingindo os alicerces da Humanidade, o corpo espiritual do homem infraprimitivo demo rase longo tempo em regiões espaciais próprias, sob a assistência dos Instrutores do

Espírito, recebendo intervenções sutis nos petrechos da fonação para que a palavra articulada pudesse assinalar novo ciclo de progresso.

A laringe, situado acima da traquéia e adiante da faringe, consubstanciado num esqueleto cartilaginoso, urdido em fibras e ligamentos, com uma seleta de pequenos músculos, sofre, nas mãos sábias dos Condutores Espirituais, à maneira de um órgão precioso entre os dedos de cirurgiões exímios no serviço de plástica, delicadas operações no curso dos séculos, para que os músculos mencionados se façam simétricos e para que se vinculem, tão destros quanto possível, à produção fisiológica da voz.

Em sua contextura interna aglutina se uma mucosa ciliada que se destina ao trabalho de lançamento do som e que verte pelos estreitamentos, transformando se em pavimentosa estratificada na borda livre das cordas vocais verdadeiras.

Fora da ação das cordas vocais, a laringe revela no pescoço movimentos de ascensão e dissensão, elevando se na expiração e na deglutição e baixando na inspiração, na sucção e no bocejar, salientando se no corpo qual perfeito instrumento de efeitos musicais.

MECANISMO DA PALAVRA

Com o extremo carinho de vagarosa confecção, os Técnicos da Espiritualidade Superior compõem a cartilagem situada em plano inferior, a cricóide, que representa um anel modificado da traquéia, sustentando uma placa na parte posterior, sobre a qual, no bordo superior e de ambos os lados da linha média, se apóiam as duas aritenóides, que se permitem, assim, a conjunção ou o afastamento entre si. Cada uma possui na base uma apófise: a interna, vocal, em que está inserida a parte posterior da corda vocal verdadeira do mesmo lado, e a outra, que é externa, muscular. Com a mesma habilidade, os Técnicos tecem a cartilagem localizada na região anterior ou cartilagem tireoide, a destacar se sob a pele no chamado Pomo de Adão, em suas lâminas verticais que se conjugam na linha mediana, traçando um ângulo diedro que se volta para a retaguarda e onde se fixam as cordas vocais verdadeiras, cartilagem essa que, por baixo, se une com o anel da cricóide e, por cima, com o osso hióide, através de membranas e ligamentos, o qual fornece apoio para a implantação da laringe.

Acima das cordas vocais verdadeiras, surgem as cordas vocais falsas a limitarem com a parede os ventrículos laterais de Morgagni.

Todos os músculos que garantem o movimento das cordas são pares, exceto o ari-aritenóideo, assegurando as funções da glote vocal e formando, com avançado primor de previsão e eficiência, a abóbada de precioso condicionamento, onde a pressão do ar pode fazer se com segurança para separar as cordas vocais em serviço.

LINGUAGEM CONVENCIONAL

Aprende então o homem, com o amparo dos Sábios Tutores que o inspiram, a constituição mecânica das palavras, provindo da mente a força com que aciona os implementos da voz, gerando vibrações nos músculos torácicos, incluindo os pulmões e a traquéia como num fole, e fazendo ressoar o som no laringe e na boca, que exprimem também cavidades supra glóticas, para a criação, enfim, da linguagem convencional, com que reforça a linguagem mímica e primitiva, por ele adquirida na longa viagem através do reino animal.

A esse modo natural de exprimir se por gestos e atitudes silenciosos, em que derrama as suas forças acumuladas de afetividade e satisfação, desagrado ou rancor, em descargas fluídico eletromagnéticas de natureza construtiva ou destrutiva, superpõe à criatura humana os valores do verbo articulado, com que acrisola as manifestações mais íntimas, habilitando se a recolher, por intermédio de sinalética especial na escala dos sons, a experiência dos irmãos que caminham na vanguarda e aprendendo a educar se para merecer esse tipo de assistência que lhe outorgará o estado de alegria maior, ante as perspectivas da cultura com que a vida lhe responde às indagações.

PENSAMENTO CONTÍNUO

Com o exercício incessante e fácil da palavra, a energia mental do homem primitivo encontra insopitável (incontrolável) desenvolvimento, por adquirir gradativamente a mobilidade e a elasticidade imprescindíveis à expansão do pensamento que, então, paulatinamente, se dilata, estabelecendo no mundo tribal todo um oceano de energia sutil, em que as consciências encarnadas e desencarnadas se refletem, sem dificuldade, umas às outras.

Valendo se dessa instituição de permuta constante, as Inteligências Divinas dosam os recursos da influência e da sugestão e convidam o Espírito terrestre ao justo despertamento na responsabilidade com que lhe cabe conduzir a própria jornada...

Pela compreensão progressiva entre as criaturas, por intermédio da palavra que assegura o pronto intercâmbio, fundamenta se no cérebro o pensamento contínuo e, por semelhante maravilha da alma, as ideias relâmpagos ou as ideias- fragmentos da crisálida de consciência, no reino animal, se transformam em conceitos e inquirições, traduzindo desejos e ideias de alentada substância íntima.

Começando a fixar o pensamento em si mesmo, fatigando se para concatenado e exprimiu, confio use o homem a novo tipo de repouso - a meditação compulsória, ante os problemas da própria vida - passando a exteriorizar, inconscientemente, as próprias ideias e, com isso, a desprender se do carro denso de carne, desligando as células de seu corpo espiritual das células físicas, durante o sono comum, para receber, em atitude passiva ou de curta movimentação, junto do próprio corpo adormecido, a visita dos Benfeitores Espirituais que o instruem sobre as questões morais.

O continuísmo da ideia consciente acende a luz da memória sobre o pedestal do automatismo.

LUTA EVOLUTIVA

Entre a alma que pergunta, a existência que se expande, a ansiedade que se agrava e o Espírito que responde ao Espírito, no campo da intuição pura, esboça se imensa luta.

O homem que lascava a pedra e que se escondia na furna, escravizando os elementos com a violência da fera e matando indiscriminadamente para viver, instado pelos Instrutores Amigos que lhe amparam a senda, passou a indagar sobre a causa das coisas... Constrangido a aceitar os princípios de renovação e progresso, refugia-se no amor egoísmo, na intimidade da prole, que lhe entretém o campo íntimo, ajudando a pensar.

Observa se tocado por estranha metamorfose.

Vê, instintivamente, que não mais se poderia guiar pela excitabilidade dos seus tecidos orgânicos ou pelos apetites furiosos herdados dos animais...

Desligado lentamente dos laços mais fortes que o prendiam às Inteligências Divinas, a lhe tutelarem o desenvolvimento, para que se lhe afirmem as diretrizes próprias, sente se sozinho, esmagado pela grandeza do Universo.

A ideia moral da vida começa a ocupar lhe o crânio.

O Sol propicia lhe a concepção de um Criador, oculto no seio invisível da Natureza, e a noite povoa lhe a alma de visões nebulosas e pesadelos imaginários, dando lhe a ideia do combate incessante em que a treva e a luz se digladiam.

Abraça os filhinhos com enternecimento feroz, buscando a solidariedade possível dos semelhantes na selva que o desafia.

Mentaliza a constituição da família e padece na defesa do lar.

Os porquês a lhe nascerem fragmentários, no íntimo, insuflam lhe aflição e temor.

Percebe que não mais pode obedecer cegamente aos impulsos da Natureza,
ao modo dos animais que lhe comungam a paisagem, mas sim que lhe cabe agora o dever de superar lhes os mecanismos, como quem vê no mundo em que vive a própria moradia, cuja ordem lhe requisita apoio e cooperação.

NASCIMENTO DA RESPONSABILIDADE

A ideia de Deus iniciando a Religião, a indagação prenunciando a Filosofia, a experimentação anunciando a Ciência, o instinto de solidariedade prefigurando o amor puro, e a sede de conforto e beleza inspirando o nascimento das indústrias e das artes, eram pensamentos nebulosos torturando lhe a cabeça e inflamando lhe o sentimento.

Nesse concerto de forças, a morte passou a impor lhe angustiosas perquirições e, enterrando os seus entes amados em sepulcros de pedra, o homem rude, a iniciar se na evolução de natureza moral, perdido na desértica vastidão do paleolítico, aprendeu a chorar, amando e perguntando para ajustar se às Leis Divinas a se lhe esculpirem na face imortal e invisível da própria consciência. Foi, então, que, em se reconhecendo ínfimo e frágil diante da vida, compreendeu que, perante Deus, seu Criador e seu Pai, estava entregue a si mesmo. O princípio da responsabilidade havia nascido.

Pedro Leopoldo, 16/02/1958

CONSIDERAÇÕES FINAIS

Segundo *Scotus*, há, de forma evidente na realidade, as coisas criadas e as coisas incriadas.

Todos os seres da realidade são seres evidentemente finitos, porque limitados, carentes de alguma perfeição.

Os seres possuem uma causa e um efeito, contêm limites e fronteiras, são contingentes.

As coisas criadas veem por nós mesmos: o ser humano que nasce e morre a árvore que brota e seca, as estrelas que explodem numa supernova.

Às coisas incriadas, por sua vez, vemos pelo intelecto.

Como mostrava Parmênides, nada advém do nada, pois o nada não pode ser coisa alguma, logo o ser sempre é.

Se o ser não fosse em algum instante, haveria o nada, e já que do nada pode vir...

Distinção formal Segundo Scotus, o homem, quando criado no Paraíso, possuía a intuição direta das essências dos entes, e esta capacidade teria sido perdida através da queda pelo Pecado Original.

Os seres humanos, herdeiros do fado de Adão, encontram-se em um *status naturae lapsae*, estado de natureza decaída, e esta é, segundo o franciscano, a razão de haver diversas distinções de conhecimento entre a nossa mente e a realidade. Havia na escolástica duas distinções fundamentais na teoria do conhecimento: a distinção real *distinctio realis*, que existe realmente entre dois seres na natureza, e a distinção de razão *distinctio rationis*, que se dá entre dois seres na mente do sujeito...

Filósofo e teólogo escolástico inglês, Johannes Duns Scotus nasceu em 1266, em Maxion, condado de Rosburgh, na Escócia, e morreu em Colônia, na Alemanha, em 1308. Aos 15 anos ingressou na Ordem dos Franciscanos. Primeiro, estudou na Escócia, passando depois à Universidade de Oxford, na Inglaterra, e, posteriormente, a Paris, na França...

CONCLUSÃO

A todos nós, se tivermos realmente a vontade de ser úteis, a Terra oferece um imenso campo de trabalhos, de realizações e de progresso. Todos temos possibilidades de realizar alguma coisa: a cada um foi confiada uma tarefa, se nós nos servimos, com que a humanidade se esclareça, em menor espaço de tempo, nos colocar, por mais humilde que seja o ambiente onde exercemos nossa ação, reais serviços poderemos prestar.

Nunca forcemos a ninguém a aceitar nossas idéias; ensinemos primeiro aos que se achegarem a nós desejosos de aprender.

Seja a nossa vida um exemplo prático, desempenhado devotadamente nossos deveres humanos: sejamos bons patrões, bons chefes, bons empregados, bons amigos, bons irmãos, bons filhos, bons esposos e bons pais. Seja a nossa família um modelo de virtudes. Seja nossas relações sociais impregnadas da mais alta moralidade.

Não desprezemos levianamente as coisas da Terra, saibamos dar a cada coisa o seu justo valor. Não misturemos os sistemas com a verdade.

Sejamos firmes no cumprimento de nossos deveres, combatendo os preconceitos de raças, de religiões e de classes sociais.

Lembremo-nos de que por pequenina que seja nossa semente (geração), se com ela conseguirmos revelar as sublimes verdades, não perderemos nossa recompensa e seremos contados no número de bons trabalhadores.

O futuro do nosso belo planeta está no processo de transição para a Nova Terra, quando passa para a sua nova grade diamantina pentadimensional. Sim, isso significa que não seremos mais confinados pela expectativa coletiva, mas seremos livres para criar as nossas narrativas e histórias próprias, que expressem o que gostaríamos de experimentar em nossa vida física/material.

Existimos na "velha" Terra em uma base diária, mas também existimos na Nova Terra, se conscientemente elevarmos nossa frequência para nos permitir acessar a Nova Terra (e se estão lendo isto, isso significa que o leitor, caso contrário, o leitor não teriam encontrado este artigo!). Essas duas versões da Terra existem simultaneamente no mesmo espaço, porém em dimensões diferentes.

Portanto, embora esse processo possa ser desconfortável no presente, é a preparação para que as pessoas façam a migração para a Realidade da Nova Terra, em que vocês precisarão desses dons e talentos, à medida que estabelecerem um novo relacionamento com a Terra e o novo modo de interagir e coexistir.

Quando chegarmos à Nova Terra, estaremos entrando em um novo relacionamento com a natureza.

Já estaremos vendo a natureza como um ser "vivo" ou realidade e teremos alguma experiência em nos conectar a essa realidade e certamente teremos grande respeito e honra por essa realidade a que chamamos de "natureza" . Os povos indígenas da Velha Terra sabiam que o modo de viver com sucesso na Terra era honrar a vida da natureza e viver em um estado de comunicação com o "espírito" da natureza.

As previsões referentes à transição planetária dão ênfase a dificuldades a serem enfrentadas nos mais diversos setores das organizações humanas, além de fenômenos geológicos que, de certa forma, sempre ocorrem no planeta. Na verdade, podemos esperar dias difíceis, alimentando sempre a certeza de que seremos auxiliados pelas esferas superiores da Espiritualidade. A encarnação de Espíritos preparados para as esperadas mudanças está sendo feita, conforme noticiam as mensagens recebidas do Plano Espiritual. A separação de espíritos que deverão ser transferidos para outro ou outros planetas também está sendo providenciada.

Em resumo vale ressaltar que a essência da transformação que se opera em nosso planeta tem um caráter intelecto-moral. Em outras palavras, o objetivo central da transição iniciada é a compreensão da realidade espiritual da vida e o desenvolvimento da verdadeira fraternidade universal. Os objetivos já estão delineados desde a mensagem sublime ditada a Moisés, relembrada a exemplificada por Jesus, e enfatizada pelos Espíritos que presidem a revelação da Doutrina Espírita na expressão simplificada do amor a Deus e ao próximo.

É importante para os adeptos do espiritismo em nosso país, não nos esquecermos da humildade. Não há privilégio nessa tarefa, mas apenas objetivos elevados a serem perseguidos também pelos irmãos de Doutrina de outras nações. Não existem fronteiras para as relações da verdadeira fraternidade. Mantenhamos-nos unidos nessa tarefa de caráter universal, exemplificando o amor e a solidariedade que deverão caracterizar a Terra como mundo de regeneração.

Todos têm que primar pela paciência, pela paciência diante das lutas, assim se consegue tudo. Assim, no curso do tempo, as existências se intercambiam umas com as outras, porque os padecimentos da ignorância, de fato, não têm limites, e todo abuso do livre arbítrio individual encontra punição espontânea nas leis universais (Fonte: Domínio Público).

POSFÁCIO

Segundo a filosofia de Tomás Aquino, o homem não vive por acaso, a vida humana tem um propósito que é a felicidade, porém o homem precisa conhecer os meios adequados para a sua posse.

A felicidade para ele parte do princípio de que as riquezas materiais seriam a falsa noção de ser está em fora dela mesma.

Aquino introduziu uma distinção entre o ser e a essência. Dividiu a metafísica em essência do ser geral e essência do ser pleno que é Deus.

Também definiu seu conceito de metafísica, segundo ele uma tríplice: metafísica enquanto ciência do ente, ciência divina e filosofia. Enquanto a primeira investiga as primeiras causa, a metafísica tomista leva o home inevitavelmente a Deus, por meio de um caminho racional, coerente e demonstrável. Por isso, ela é ciência.

O ser diferente da essência, pois as criaturas são seres não necessários. È deus que permite às essências realizarem-se em entes, em seres existentes. Que existe como fundamento da realidade das outras essências que, uma vez existentes participam de seu ser. Deus é ato puro, não há o que se realizar ou se atualizar em deus, pois ele é completo. "Deus é o ser", diz Tomás de Aquino, Deus é o ser que existe como fundamento da realidade das outras essências que, uma vez existentes participam de seu ser. A filosofia de Aristóteles não fala sobre um Deus criador, como o compreendemos, tirando o mundo do nada, nem fala da questão sobre a providência divina, Deus para Aristóteles não conhece o mundo, não o dirige de nenhum modo.

O filósofo sempre procurou conciliar fé e razão, em seus escritos valendo-se várias vezes, de ensinamento de Aristóteles e de Santo Agostinho, para afirmar que a graça da fé não suprimem a natureza racional do homem, senão antes a supõe e a perfeição e, a partir disso, também sustentar que é possível a conciliação de filosofia (*ratio*-razão) e teologia (*fides*-fé), na medida em que para Aquino, a filosofia é serva da teologia: *philosophia ancilla theologiae est.*

Aristóteles foi à figura que mais influenciou no pensamento de Santo Tomás de Aquino, ele afirmava que o universo sempre existiu e que permanecia em movimento e mudanças constantes. Alguns pensadores cristãos, baseando-se na Bíblia diziam que o Universo tinha um início e que havia sido criado por Deus, discordando assim da concepção de Aristóteles. Porém, Tomás de Aquino salientou que o universo pode sim sempre ter existido e que apenas a raça humana e os animais tiveram um início.

Apesar de defender as ideias de Aristóteles, ele discordava do fato do mesmo afirmar que o universo era eterno, porque a fé cristã dizia ao contrário.

Na epistemologia, Aquino acreditava "que para o conhecimento de qualquer verdade, o homem precisa da ajuda divina; que o intelecto pode ser movido por Deus a agir. "Porém, ele acreditava também que os seres humanos tinham a capacidade natural de conhecer muitas coisas sem nenhuma revelação divina especial, apesar de revelações pertinentes à fé".

Mas esta é a luz dada ao homem por Deus na proporção da natureza humana: "Agora todas as formas concedidas às coisas criadas por Deus tem poder para determinadas ações, que podem realizar na medida de sua própria dotação; e, além disto, são impotentes, exceto por meio de uma forma adicionada, como água que só esquenta quando aquecida pelo fogo. E assim a compreensão humana tem uma forma, viz, luz inteligível, que, por si so, é suficiente para conhecer certas cosia inteligíveis, viz. As que se pode aprender através dos sentidos".

A ciência e a religião são duas alavancas da inteligência humana: uma revela as leis do mundo material e as outras as do mundo moral.

Tendo, no entanto, essas leis o mesmo princípio, que é Deus, não podem contradizer-se.

Se fossem a negação uma da outra, uma necessariamente estaria em erro e a outra com a verdade, porquanto Deus não pode pretender a destruição de sua própria obra.

A incompatibilidade que se julgou existir entre essas duas ordens de ideias provem apenas de uma observação defeituosa e de excesso de exclusivismo, de um lado e de outro.

Daí um conflito que deu origem à incredulidade e à intolerância.

São chegados os tempos em que os ensinamentos do Cristo têm de ser completados; em que o véu intencionalmente lançado sobre algumas partes desse ensino tem de ser levantado; em que a ciência, deixando de ser exclusivamente materialista, tem de levar em conta o elemento espiritual e em que a religião, deixando de ignorar as leis orgânicas e imutáveis da matéria, como duas forças que são apoiando-se uma na outra e marchando combinadas, se prestarão mútuo concurso.

Então, não mais desmentida pela ciência, a religião adquirirá inabalável poder, porque estará de acordo com a razão, já se lhe não podendo mais opor a irresistível lógica dos fatos.

A ciência e a religião não puderam, ate hoje, entender-se, porque, encarando cada uma as coisas do seu ponto de vista exclusivo, reciprocamente se repeliam. Faltava com que encher o vazio que as separava, um traço de união que as aproximasse. Esse traço de união está no conhecimento das leis que regem o universo espiritual e suas relações com o mundo corpóreo, leis tão imutáveis quanto as que regem o movimento dos astros e a existência dos seres.

Uma vez comprovadas pela experiência essas relações, nova luz se fez: a fé dirigiu-se à razão; esta nada encontrou de ilógico na fé: vencido foi o materialismo.

Mas, nisso, como em tudo, há pessoas que ficam atrás, até serem arrastadas pelo movimento geral, que as esmaga, se tentam resistir-lhe, em vez de o acompanharem.

È toda uma revolução que neste momento se opera e trabalha os espíritos.

Após uma elaboração que durou mais de vinte séculos, chega ela à sua plena realização e vai marcar uma nova era na vida da Humanidade.

Fáceis são de prever as conseqüências: acarretará para as relações sociais inevitáveis modificações, às quais ninguém terá força para se opor, porque elas estão nos desígnios de Deus e derivam da lei do progresso, que é a lei de Deus. (Síntese de um texto extraído do O Evangelho Segundo o Espiritismo, de Allan Kardec, página 57)

REFERÊNCIAS IMPRESSAS

Fontes bibliográficas e fontes citadas e ou utilizadas dos exemplos-institucionais; fontes de pesquisa, obras consultadas, acervos pesquisados de domínio público.

Biblioteca Midiateca digital.

CURY, Augusto Jorge; O Futuro da Humanidade-1958/O arqueiro-2005.

Evolução em dois mundos, 10º livro da Coleção: A Vida no mundo espiritual, ditada pelo espírito André Luiz, psicografado por Francisco Cândido Xavier e Waldo Vieira, digitalizado por Neilmoris 2008 – Brasil, de Domínio Público.

HUNTER, James C.; O Monge e o executivo, Editora Sextante, Rio de Janeiro, 2004.

PASSINI, José; A Nova Literatura Mediúnica, 2008.

RAMILA, Maria Paula de Carvalho; Luz Interna, Domínio Público.

BONDER, Nilton - O Sagrado, Editora Rocco Ltda, Rio de Janeiro, 2007.

CALDEIRA, Wesley Soares; Da manjedoura a Emaús 2014.

WEISS, Brian; Muitas vidas, muitos mestres, traduzido, 2013-Sextante.

KLINJEV, Rossandro; Eu escolho ser feliz – 2018.

9 786586 024296